AF384127

DISSERTATION

SUR LES SUBSTITUTIONS.

THÈSE
POUR LE DOCTORAT.

PAR

Edmond LEVYLIER,

Avocat à la Cour impériale de Paris.

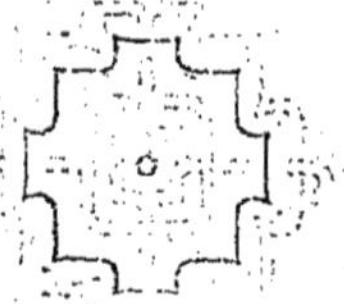

PARIS.

VINCHON, IMPRIMEUR DE LA FACULTÉ DE DROIT,

Rue J.-J. Rousseau, 8.

1855.

DISSERTATION SUR LES SUBSTITUTIONS.

THÈSE
POUR LE DOCTORAT.

L'acte public sur les matières ci-après sera soutenu,
le mercredi 26 janvier 1853, à neuf heures et demie,

PAR

EDMOND LEVYLIER, né à Nancy (Meurthe),

Avocat à la Cour Impériale de Paris.

Président : M. DE PORTETS, Professeur.

	MM.	
SUFFRAGANTS :	PELLAT, PERREYVE,	Professeurs.
	ROUSTAIN, DUVERGER,	Suppléants.

*Le Candidat répondra en outre aux questions qui lui seront
faites sur les autres matières de l'enseignement.*

PARIS,

VINCHON, FILS ET SUCCESSEUR DE Mme Ve BALLARD,
IMPRIMEUR DE LA FACULTÉ DE DROIT,
rue J.-J. Rousseau, 8.

1853.

A MON PÈRE, A MA MÈRE

———

A MES FRÈRES.

PREMIÈRE PARTIE.

DROIT ROMAIN.

DES SUBSTITUTIONS EN DROIT ROMAIN.

Substitutio vient de *sub-institutio*, institution placée sous une autre; c'est, en effet, une institution d'héritier subordonnée à une autre institution d'héritier. « Titius *hæres esto*. Si Titius *hæres non erit*, Mævius *hæres esto*. » Mævius vient à l'hérédité seulement si Titius n'est point héritier. Cet exemple est tiré de la substitution *dite* vulgaire. Outre cette sorte de substitution, qui était la plus commune, comme l'indique le mot *vulgaire*, on en distinguait deux autres : la substitution pupillaire et la substitution quasi-pupillaire ou exemplaire.

Nous allons examiner rapidement ces trois espèces de substitutions.

DE LA SUBSTITUTION VULGAIRE.

On sait combien les Romains tenaient à ne point

mourir intestats; or, l'héritier institué par le *de cujus* pouvait, ou refuser l'hérédité ou être incapable de recevoir par testament.

Les proscriptions, les discordes civiles avaient, pendant les dernières années de la République, fait un grand vide au milieu des familles. *Rome se trouva presque déserte!* dit Montesquieu. Auguste essaya d'apporter un remède à cette dévastation de son empire. Sous son règne furent portées les lois Julia et Papia Poppæa, que nous appelons généralement lois caducaires (1).

Les lois caducaires établissaient des peines contre ceux qui arrivaient à un certain âge sans s'être mariés, ou qui s'étant mariés n'avaient pu avoir d'enfants (2). Mais en même temps elles récompensaient ceux qui, plus heureux, avaient des enfants légitimes.

Le but principal des lois caducaires était de pousser les citoyens à la procréation des enfants légitimes; ce n'est que plus tard, sous Caracalla, qu'elles prennent un caractère purement fiscal.

Les lois caducaires frappent deux classes d'individus: les *cælibes* et les *orbi*.

Étaient considérés comme célibataires ceux qui

---

(1) La loi Julia, *de maritandis ordinibus*, votée l'an de Rome 752, fut suivie bientôt par la loi Papia Poppæa, rendue en 762. Ces deux lois furent plus tard refondues ensemble, de manière à n'en former qu'une seule, qui prit le nom de Lex Julia et Papia Poppæa: les Romains l'appelaient aussi simplement *leges*.

(2) Ulp.. tit. xvi, xvii; Gaius. com. 11, § 286.

avaient laissé s'écouler leur *vingtième* année sans contracter mariage.

Les hommes restaient sous le coup de la loi Julia jusqu'à leur soixantième année, et les femmes jusqu'à leur cinquantième.

Étaient aussi considérés comme célibataires, ceux qui, après la dissolution d'un mariage stérile, avaient laissé passer un certain temps sans convoler à de nouvelles noces (1).

Les *cœlibes* ne pouvaient être héritiers ou légataires de personnes étrangères.

Les *orbi*, comme le nom l'indique, étaient ceux qui n'avaient pu devenir pères après avoir contracté un mariage légitime.

Les *orbi* ne pouvaient recueillir par testament (*capere ex testamento*) de personnes étrangères, que moitié des dispositions faites en leur faveur.

On comprend le motif qui a poussé le législateur à établir des peines contre les célibataires ; mais l'*orbus*, celui qui se marie pour satisfaire, ou qui satisfait en se mariant aux prescriptions de la loi, de quoi peut-il être coupable ?

On ne peut expliquer cette disposition qu'en songeant combien Rome était dépeuplée et avait besoin de défenseurs ; dans ces circonstances, les mœurs païennes le permettaient, celui qui avait épousé une femme stérile devait la répudier pour en prendre une autre.

---

(1) Ulp., tit. xiv.

Les dispositions testamentaires, institutions d'héritier ou legs, quoique valables d'après le droit civil, *tombaient*, pour ainsi dire, par suite de la loi Julia et Papia Poppæa; aussi les qualifia-t-on de *caduca*.

Le droit de recueillir les parts caduques s'appela *jus caduca vindicandi*.

Mais, à qui étaient dévolues ces parts que ne pouvaient prendre ceux auxquels elles étaient destinées? Ceux des héritiers et des colégataires ayant des enfants, et, à défaut de ceux-ci, le fisc, profitaient de la caducité des institutions et des legs.

Mais le fisc n'arrivait qu'autant que tous les héritiers ou légataires étaient *cœlibes* ou *orbi*, et c'est cette éventualité qui fit croire que les lois caducaires étaient des lois fiscales.

Sous Caracalla (1), toutes les parts caduques furent attribuées au fisc; dès lors, comme nous l'avons dit, le caractère des lois Julia et Papia Poppæa changea complétement; Justinien abolit les lois caducaires. Pour soustraire à la caducité leurs dispositions testamentaires, les Romains imaginèrent d'instituer plusieurs héritiers à défaut les uns des autres. Telle fut l'origine de la substitution vulgaire, qui fut la première inventée.

On pouvait ainsi faire plusieurs degrés de subs-

____

(1) Ulp., tit. xvii, § 2.

titutions, et instituer, en dernier lieu (*novissimo loco*), son esclave héritier nécessaire.

Il était permis aussi de substituer plusieurs personnes à une seule, ou une seule à plusieurs ; enfin, les institués pouvaient être substitués entre eux.

Ce dernier cas est celui de la substitution réciproque. L'utilité de cette substitution était, avant la promulgation des Institutes, d'empêcher les parts des défaillants de devenir vacantes et d'être attribuées suivant les règles du *jus caduca vindicandi*.

Ainsi, soient trois héritiers institués et substitués réciproquement : Primus est un descendant ou un ascendant jusqu'au troisième degré, Secundus un *cœlebs* et Tertius un *pater*.

S'il n'y avait pas de substitution *invicem*, la part de Secundus, qui n'a pas le *jus capiendi*, devenant vacante, serait attribuée en entier à Tertius, qui seul a le *jus caduca vindicandi*, tandis que, grâce à la substitution *invicem*, elle se partagera par moitié entre Primus et Tertius, qui, tous deux, ont le *jus capiendi*. Primus, en sa qualité de parent, et Tertius, parce qu'étant *pater*, il a, en même temps, le *jus capiendi* et le *jus caduca vindicandi* (1).

---

(1) L'utilité est encore devenue plus grande sous le même point de vue, depuis la constitution d'Antonin Caracalla, car alors toutes les parts caduques étaient revendiquées par le fisc.

En 531, un an après la publication des Institutes, l'empereur Justinien abolit les lois caducaires. Dès lors, l'utilité de la substitution réciproque ne fut plus aussi grande. Toutefois, les
héritiers institués purent encore profiter du bénéfice de cette substitution, car si l'un d'eux ne
venait point à l'hérédité, sa part se réunissait à
ses cohéritiers substitués vivants, à l'exclusion des
enfants des héritiers prédécédés. Si, au contraire,
la substitution n'eût point eu lieu, la portion vacante eût accru aux portions recueillies et eût
augmenté, non-seulement la part des survivants,
mais encore celle des héritiers des prédécédés.

L'usage de la substitution vulgaire avait donc
pour but d'assurer au testateur un héritier testamentaire et d'empêcher sa succession de passer
à ses héritiers légitimes.

DE LA SUBSTITUTION PUPILLAIRE.

Le père de famille qui faisait son testament,
ayant sous sa puissance des enfants impubères,
pouvait instituer aussi des héritiers à ses enfants;
mais cette institution était subordonnée à la circonstance de l'impuberté des enfants au moment
de leur décès : « Titius meus filius hæres esto,
et si filius meus hæres non erit et prius moriatur
antequam in suam tutelam venerit (id est pubes
factus sit), tunc Seius hæres esto. »

Dans cet exemple emprunté au texte des Instilutes, le père institue son fils héritier ; s'il l'exhérédait, il n'en conservait pas moins le droit de lui instituer un héritier, pour le cas où cet enfant viendrait à décéder impubère.

Il fallait cependant toujours que le père eût fait son propre testament, et la substitution pupillaire était liée au sort de ce testament. Il ne faut point le perdre de vue, la substitution est une institution d'héritier subordonnée à une autre institution d'héritier (1).

DE LA SUBSTITUTION QUASI-PUPILLAIRE OU EXEMPLAIRE.

A l'*exemple* de la substitution pupillaire, Justinien a permis aux ascendants de faire le testament de leurs enfants pubères qui ont perdu l'usage de la raison. C'est ce qu'on appelait la substitution *quasi-pupillaire* ou *exemplaire*. Elle s'éteignait dès que cessait la cause qui l'avait fait naître, c'est-à-dire lorsque l'insensé avait recouvré l'usage de son bon sens, comme la substitution pupillaire s'évanouissait lorsque celui dont on avait fait le testament était parvenu à sa puberté.

DES FIDÉICOMMIS.

Dans la rigueur de l'ancien droit, celui qui vou-

---

1) Inst. de Just., liv. II, tit. 16, § 3; Ulp., tit. XXIII, § 9.

lait laisser ses biens à une personne que la loi ne désignait pas pour lui succéder, était obligé d'instituer par testament un héritier, suivant les formes étroites du droit civil.

L'institution d'héritier une fois faite, le testateur pouvait encore disposer de ses biens en faveur d'autres personnes que son héritier; ces personnes prenaient le nom de légataires.

Mais le cercle de ceux qui pouvaient être héritiers ou légataires était extrêmement restreint.

Ne pouvaient être institués ou légataires que ceux qui avaient faction de testament avec le testateur (1). La faction de testament n'existait qu'avec les citoyens romains et leurs esclaves; les pérégrins n'en jouissaient pas, non plus que les déditices et les personnes incertaines.

Quand aux latins *juniens*, ils ont la faction de testament passive, mais ils sont privés du *jus capiendi*, par la loi *Julia Norbana*, à moins qu'à la mort du testateur et avant la création de l'hérédité (2), ils ne soient devenus citoyens romains (3).

Les esclaves pouvaient aussi devenir héritiers

---

(1) Ulp., regul. xxii, § 1; Justinien, Inst., liv. ii, tit. xx, § 24.

(2) La crétion est un délai que l'on donne ordinairement aux héritiers étrangers pour délibérer; la crétion est ainsi nommée, parce que *cernere* est à peu près synonyme de *decernere* décider et prendre un parti (Gaius. com. 2, § 104).

(3) Ulp., regul., tit. xxii, § 3.

ou légataires; il suffisait pour cela que le testateur eût faction de testament avec leur maître (1).

Nous avons vu que les lois Julia et Papia Poppæa créaient des incapacités testamentaires.

La loi Voconia, rendue en 585 de Rome, empêchait les femmes de recevoir par testament de ceux qui étaient inscrits au cens pour plus de cent mille sesterces (2).

Les fils des condamnés pour crime de lèse-majesté (3), les apostats et les hérétiques (4) étaient aussi exclus du droit d'arriver à l'hérédité.

Ajoutons qu'il était souvent impossible au testateur de remplir les formalités prescrites par le droit civil, soit que, surpris par la mort, il n'eût que peu de temps pour exprimer ses dernières volontés, soit qu'il habitât des lieux où il était difficile de trouver le nombre de témoins citoyens romains nécessaire à la validité du testament.

Pour obvier à ces empêchements, ceux qui voulaient que leurs biens allassent à des individus auxquels le droit civil ne permettait point d'être héritiers ou légataires, priaient leurs héritiers lé-

---

(1) Ulp., regul., tit. xxii, § 9; Justin., Inst., lib. ii, tit. xiv, proœm.

(2) La loi Voconia contenait plusieurs dispositions : 1° celle reproduite ci-dessus (Gaius, com. ii, § 274; Paul. sent., liv. iv, tit. viii, § 22); 2° personne ne pouvait prendre à titre de legs plus que les héritiers (Gaius, com. ii, § 226).

(3) Code, liv. ix, tit. viii, const. 5.

(4) Code, liv. i, tit. vii, const. 3, et liv. i, tit. v, const. 4, § 2.

gitimes de restituer les biens héréditaires à ces individus.

Parfois aussi, le *de cujus* instituait un héritier qu'il chargeait de restituer à des incapables; mais, dans ces deux cas, c'était une simple prière de la part du testateur, prière à laquelle l'héritier pouvait rester sourd (1)!

On s'en remettait entièrement à la *foi* de celui qu'on chargeait de restituer (le fiduciaire), et les termes de la *commission* étaient toujours précatifs : *peto, rogo ut restituas* ; c'était ainsi que le testateur était obligé d'exprimer son désir.

Les moyens coercitifs manquant entièrement, on fit jurer au fiduciaire d'accomplir le fidéicommis dont on le chargeait, et, dans son serment, on l'obligea de prendre à témoin Jupiter ou les dieux infernaux ; on en vint à exiger un serment sur la vie de l'empereur.

Mais, quelle que fût la solennité du serment, beaucoup de fiduciaires, abusant de l'impunité que la loi leur assurait, se rendaient parjures et, contrairement à la volonté du testateur, gardaient pour eux des biens qu'ils avaient promis de rendre.

Ainsi la rigueur de la loi fit naître un double

----

(1) Inst. Just., liv. II, tit. 23, § 1 ; Gaius, com. II, § 274 et suiv.

abus : d'une part, le testateur éluda la loi ; de l'autre, l'héritier viola la foi jurée (1).

La loi donnait lieu à une fiction, la fiction à une fraude. Des personnes se trouvaient, contre la volonté du testateur, en possession de biens dont elles avaient été seulement faites dépositaires ; c'était là un abus grave auquel le législateur dut chercher à remédier.

L'empereur Auguste, touché de cet état de choses, intervint d'abord spécialement dans des circonstances particulières, et fit restituer des fidéicommis. Puis étendant à tous la même protection, il ordonna aux consuls d'interposer leur autorité (*interponere auctoritatem*), de faire respecter les dispositions fidéicommissaires, enfin il créa un préteur spécial pour trancher les procès qui s'élevaient à l'égard des fidéicommis (2) ; ce préteur dut juger lui-même ces procès et statuer *extra ordinem*, c'est-à-dire sans renvoyer les parties devant un juge (3).

---

(1) Dans le temps que l'on fit la loi Voconienne, les mœurs avaient conservé quelque chose de leur ancienne pureté. On intéressa quelquefois la conscience publique en faveur de la loi, et l'on fit jurer qu'on l'observerait ; de sorte que la probité faisait, pour ainsi dire, la guerre à la probité. Mais, dans les derniers temps, les mœurs se corrompirent au point que les fidéicommis durent avoir moins de force pour éluder la loi Voconienne que cette loi n'en avait pour se faire suivre. (Liv. xxvii. chapitre unique, Montesquieu, *Esprit des Lois*).

(2) Dig., liv. i, tit. ii; l. 2, § 32.

(3) Justin., Inst., liv. ii, tit. xxiii, § 1.

Puisque, depuis Auguste, le fiduciaire est forcé de restituer le fidéicommis dont il est chargé, il importe d'examiner quelles sont les différences qui existent entre les dispositions testamentaires et les dispositions fidéicommissaires.

Examinons cette question historiquement : 1° sous Auguste, 2° sous Vespasien, 3° sous Justinien.

Sous Auguste. 1° *Quant aux formes.* — L'institution d'héritier doit être placée en tête du testament ; toute disposition de legs, d'affranchissement, mise avant l'institution, est nulle. Le *de cujus* a toujours été libre d'insérer le fidéicommis avant l'institution d'héritier.

L'institution ne pouvait être faite qu'en termes solennels, impératifs : *Titius hæres esto*, et, d'après Ulpien, *Titium hæredem esse jubeo.*

On peut disposer de son hérédité par fidéicommis au moyen de paroles précatives, non consacrées, même en une autre langue que le latin, même par un simple signe d'assentiment, *nutu.*

2° *Quant à la procédure.* — L'institution donne à l'institué la pétition d'hérédité civile, contre tous ceux qui détiennent *pro hærede* ou *pro possessore* des choses héréditaires. Au contraire, le fidéicommis de l'hérédité ne donnait avant Auguste aucune action ; depuis lui, il ne donne au fidéicommissaire que le droit de s'adresser au préteur spécial, qui statue *cognita causa.*

3° *Quant aux personnes.* — On ne pouvait insti-

tuer ni un pérégrin, ni un déditice, ni un pro-
scrit (loi Cornelia), ni une femme, si on avait
plus de 10,000 sesterces de fortune inscrite sur
les tables du cens (loi Voconia), ni une personne
incertaine, ni un posthume externe. En outre,
l'institution d'un latin junien ou d'un *cœlebs* était
caduque pour le tout, l'institution d'un *orbus* ne
valait que pour moitié. On pouvait au contraire,
au temps d'Auguste, laisser son hérédité fidéicommissaire à toutes ces personnes.

4° *Quant aux règles du fond du droit.* — On ne
peut pas faire d'institution d'héritier à terme, on
peut faire un fidéicommis de cette nature.

5° *Quant aux effets.* — L'institution fait de l'héritier le continuateur de la personne du défunt ;
c'est l'héritier qui a les actions, c'est contre lui
qu'elles s'exercent.

Le fidéicommissaire n'est primitivement qu'un
personnage n'ayant aucun droit à exercer, et
contre lequel les créanciers héréditaires n'ont
aucun recours.

Le fidéicommissaire est à la merci de l'héritier institué, qui peut, en refusant de faire adition, faire tomber la disposition fidéicommissaire.

*Différences qui ont disparu au temps de Vespa-
sien.* — 1° Quant aux personnes, la même capacité
a été successivement exigée dans les fidéicommis
et les institutions d'héritiers. Le sénatus-consulte
Pégasien les a soumis aux dispositions des lois

Julia et Papia Poppæa. Un sénatus-consulte, rendu sous Adrien, a défendu de laisser par fidéicommis aux pérégrins, aux posthumes externes et aux personnes incertaines.

Le fidéicommissaire n'est plus à la merci de l'héritier, puisque ce dernier peut être forcé de faire adition *jussu prætoris* ; mais il en dépend encore, puisque, si, par une cause étrangère à la volonté de l'héritier, par exemple la nullité du testament, l'institué ne vient point à l'hérédité, le fidéicommis s'évanouira.

Différences qui ont disparu au temps de Justinien. —1° Les formes ont complétement disparu : depuis Constantin, on n'a plus besoin de se servir de paroles solennelles pour tester ; depuis Justinien, l'institution d'héritier peut occuper une place quelconque dans le testament.

2° Les différences de procédure ont cessé, toutes les procédures étant extraordinaires (1).

3° Quant aux personnes, les anciennes incapacités n'existent plus, et les nouvelles s'appliquent aux institutions d'héritiers et aux hérédités fidéicomn.issaires.

4° Quant aux règles du fond du droit, la différence subsiste.

5° Quant aux effets, ils sont à peu près les mêmes. Cependant l'héritier institué, chargé de restituer plus des trois quarts d'une hérédité, peut

----

(1) Depuis Dioclétien.

en retenir le quart (Sén.-Cons. Pegas.). Le fidéicommissaire, chargé lui-même d'une restitution, n'a point de quarte à retenir (1).

Dangers des fidéicommis. — Dans le principe, l'héritier, lors même qu'il avait restitué les biens héréditaires, n'en restait pas moins héritier (2), et se trouvait par conséquent toujours exposé aux poursuites des créanciers; d'un autre côté, le fidéicommissaire n'avait aucune action pour poursuivre les débiteurs de la succe-sion

Il était juste que le fiduciaire fût indemnisé de ce qu'il payait aux créanciers de la succession, et, d'un autre côté, il eût été inique de laisser le fidéicommissaire sans action pour se faire remettre ce que le fiduciaire aurait reçu des débiteurs de la succession. Pour parer à ces inconvénients, voici ce qui fut imaginé :

Le fiduciaire et le fidéicommissaire se faisaient entre eux une vente fictive de l'hérédité et avaient recours aux stipulations usitées entre vendeurs et acheteurs ordinaires d'hérédité (*stipulationes emptæ et venditæ hæreditatis*)

Le fiduciaire stipulait du fidéicommissaire l'indemnité de ce qu'il serait obligé de payer en sa qualité d'héritier, et le fidéicommissaire stipulait

----

(1) La quarte ne peut être retenue qu'une fois. Si l'héritier avait accepté l'hérédité, *coactus jussu prætoris*, le premier fidéicommissaire chargé de restituer pourrait retenir la quarte. (Dig., ad S.-C. Treb., L. xxii, § 2.)

(2) Ga., com. II. § 251 ; Just., Inst., liv. II, tit. xxiii, § 3.

du fiduciaire la remise de tout ce qu'il recevrait à titre d'héritier des débiteurs de la succession ; il stipulait en outre que les actions héréditaires données au nom de l'héritier lui seraient cédées, à lui fidéicommissaire, afin qu'il lui fût permis d'agir comme procureur en sa propre affaire (*procurator in rem suam*). Ces stipulations *emptæ et vendilæ hereditalis* avaient lieu, soit que l'héritier eût été chargé de rendre tout ou seulement partie de l'hérédité.

L'héritier fiduciaire chargé de restituer toute l'hérédité ne retirait aucun avantage de son institution ; de plus, il restait exposé aux poursuites des créanciers de la succession, et ces poursuites pouvaient lui causer un grand préjudice, car l'insolvabilité du fidéicommissaire rendait inefficaces les stipulations *emptæ et vendilæ hæreditalis*, qui étaient intervenues entre lui et le fidéicommissaire. Le sénatus-consulte Trébellien remédia à ce grave inconvénient.

Pendant le consulat de Trebellius Maximus et de Sénèque, sous le règne de Néron, l'an de Rome 815, le sénat prit la décision suivante : « Puis-
« qu'il est très équitable dans toutes les hérédi-
« tés fidéicommissaires, que les actions passives
« qui en résultent soient supportées par celui qui
« a le droit et les avantages, plutôt que de faire
« courir des dangers à celui qui a engagé sa
« bonne foi (*potius cuique periculosam esse fidem
« suam*), à l'avenir les actions que l'on a l'habi-
« tude de donner, tant pour l'héritier que contre

« lui, ne seront plus données au nom de celui
« qui est chargé de restituer, non plus que contre
« lui, mais passeront à ceux et contre ceux à qui
« l'hérédité a été restituée d'après le fidéicommis,
« et ainsi se trouvera confirmée la dernière vo-
« lonté du testateur. »

Ulpien, qui nous rapporte (Dig., lib. xxxvi, § 2)
le texte du sénatus-consulte Trébellien, ajoute
(même loi, § 3) qu'il dissipa la crainte des fiduciaires, qui n'osaient faire adition d'hérédité, soit
parce qu'ils redoutaient des procès, soit par
crainte de subir des pertes.

L'héritier fiduciaire faisant adition de l'hérédité, et la restituant, était donc, en vertu du sénatus-consulte Trébellien, protégé contre les
poursuites des créanciers héréditaires, puisque
les actions étaient données directement au fidéicommissaire et passaient directement contre
lui (1).

Mais chargé de rendre toute l'hérédité ou une
très grande partie de cette hérédité, l'héritier
institué n'avait que très peu ou point d'intérêt à
faire adition d'hérédité; aussi arrivait-il bien
souvent que l'héritier fiduciaire chargé d'un fidéicommis considérable refusait de faire adition, et
rendait ainsi caduques les dispositions de dernière volonté du défunt.

Le sénat vint encore une fois en aide aux fidéicommissaires; sous le règne de l'empereur Ves-

____

(1) Sent. de Paul, liv. iv, tit. ii.

pasien, pendant le consulat de Pégase et de Pusio, parut un sénatus-consulte, qui, parmi d'autres dispositions importantes, étendait à l'héritier chargé de restituer en vertu d'un fidéicommis, le bénéfice que la loi Falcidie avait établi au profit des héritiers chargés de legs. L'héritier fiduciaire put donc, en vertu du sénatus-consulte Pégasien, retenir le quart des biens qu'il était chargé de restituer.

Mais si la restitution était faite suivant le sénatus-consulte Pégasien, les actions ne passaient point au fidéicommissaire, l'héritier conservait sa qualité d'héritier, et restait exposé aux poursuites des créanciers de la succession.

Or, le bénéfice de la quarte était loin de compenser les pertes qu'il pouvait ainsi essuyer, et il eût été bien injuste de poursuivre le fiduciaire pour plus qu'il n'avait reçu : on imagina alors de traiter le fidéicommissaire comme un véritable légataire de partition, et c'est ainsi qu'intervinrent entre le fiduciaire et le fidéicommissaire les stipulations *partis* et *pro parte*, usitées jusque-là entre l'héritier et le légataire partiaire (1).

Nous avons indiqué plus haut l'inconvénient des stipulations *emptæ et venditæ hæreditatis*, le même danger existait relativement aux stipulations *partis et pro parte*, « *quibusdam casibus cap-* « *tiosas eas, homo excelsi ingenii, Papinianus ap-* « *pellat* », qui avaient le même but et devaient conduire au même résultat.

---

(1) Sent. de Paul, liv. v, tit. III, § 1.

Malgré le bénéfice de la rétention de la quarte Pégasienne, l'héritier chargé de restituer pouvait n'être point fort tenté de faire adition, car l'hérédité, quoique solvable, et même riche en apparence, pouvait lui inspirer des craintes plus ou moins sérieuses; si l'héritier refuse de faire adition, le testament ne produira-t-il donc aucun effet, et le testateur aura-t-il donc encore en vain exprimé ses dernières volontés?

Le sénatus-consulte Pégasien prévoit ce refus d'adition, et vient encore, en cette circonstance, au secours du fidéicommissaire, en décidant que si l'héritier refuse de faire adition, sous prétexte que l'hérédité est suspecte (*suspectam esse dicit*), le préteur pourra interposer son autorité, et sur l'ordre de ce magistrat, l'héritier sera forcé de faire adition (1).

Lorsque conformément aux dispositions du sénatus-consulte Pégasien, l'héritier avait été obligé à faire adition, il ne pouvait plus retenir la quarte, mais alors les actions passaient au fidéicommissaire et contre le fidéicommissaire, comme si l'héritier avait restitué suivant le sénatus-consulte Trébellien.

Voilà donc, désormais, l'exécution du testament assurée, sans que l'héritier chargé de restituer ait aucun risque à courir.

---

(1) Sent. de Paul, liv. iv, tit. iv; Dig., liv. xxxvi, tit. 1er, loi 4.

Jusqu'à Justinien, le sénatus-consulte Trébellien et le sénatus-consulte Pégasien furent en vigueur et s'appliquèrent, chacun dans des circonstances différentes.

Quand le fidéicommis ne dépassait pas les trois quarts de l'hérédité, l'héritier faisait la restitution suivant le sénatus-consulte Trébellien ; si, au contraire, le fidéicommis excédait les trois quarts de l'hérédité « si plus quam dodrantem « vel etiam totam hereditatem restituere roga- « tus, locus erat Pegasiano », c'était le sénatus-consulte Pégasien qui réglait le mode de restitution.

On appliquait aussi le sénatus-consulte Pégasien pour contraindre l'héritier à faire adition d'une hérédité qu'il disait être suspecte. L'empereur Justinien ne changea rien à cette manière de procéder ; seulement il réunit, sous le nom de Trébellien, l'ancien sénatus-consulte Trébellien et les deux principales dispositions du sénatus-consulte Pégasien (1).

Le nouveau sénatus-consulte Trébellien dut donc contenir trois dispositions, savoir : 1° l'héritier restituait-il suivant la volonté du testateur, les actions passaient pour et contre le fidéicommissaire ; 2° le fidéicommis était-il de plus des trois quarts de l'hérédité, l'héritier pouvait retenir la quarte pégasienne, et alors, sans qu'il fût besoin d'avoir recours aux stipulations *partis et*

---

(1) Just., Inst., liv. II, tit. XXIII, § 7.

pro parte, les actions se divisaient entre le fiduciaire et le fidéicommissaire dans la proportion de l'émolument de chacun ; 3° l'héritier alléguait-il que la succession était suspecte, dangereuse, et refusait-il de faire adition, le préteur le forçait à faire adition et à restituer, mais alors les actions passaient au fidéicommissaire et contre lui.

DES FIDÉICOMMIS A TITRE PARTICULIER.

On pouvait aussi laisser par fidéicommis des objets particuliers, un fonds, un esclave, de l'or, et charger l'héritier institué ou un légataire de faire la restitution (1).

Le testateur peut laisser par fidéicommis non-seulement sa chose, mais encore la chose d'autrui. Mais si l'on avait chargé le fiduciaire de restituer plus qu'il n'avait reçu, le fidéicommis était nul pour le surplus.

La liberté peut être laissée par fidéicommis à un esclave; on charge alors de l'affranchissement soit l'héritier, soit un légataire, soit un fidéicommissaire. Si l'esclave à qui la liberté est laissée par fidéicommis est l'esclave d'autrui, celui qui est chargé de l'affranchir doit l'acheter de son propriétaire.

Que si le propriétaire de l'esclave refuse de le vendre, la liberté n'est que différée, et à la première occasion le fiduciaire devra l'acheter pour l'affranchir.

L'esclave affranchi de cette manière a pour

____

(1) Just., Inst., liv. II, tit. xxiv ; Ulp., tit. xxiv, § 20.

patron celui qui a fait la manumission. Si le propriétaire de l'esclave avait reçu quelque chose de la succession du *de cujus*, il ne pouvait se refuser à le vendre pour qu'il fût affranchi suivant la volonté du testateur.

Celui en faveur de qui est faite une disposition fidéicommissaire à titre particulier, ne peut forcer l'héritier institué à faire adition.

DES FIDÉICOMMIS GRADUELS.

Le fidéicommis est graduel quand le donateur ou testateur a substitué plusieurs personnes les unes aux autres pour recueillir successivement et par degré. Ce qui constitue la gradualité, c'est la vocation d'une personne à titre de fiduciaire après un autre fiduciaire.

Nous trouvons dans beaucoup de textes (1), au Digeste et au Code, la trace des fidéicommis graduels, et dans la Novelle 159 Justinien déclare libres les biens qui ont déjà parcouru quatre dégrés de restitution. Cette décision de Justinien est-elle une exception à la liberté des fidéicommis, ou impose-t-elle comme limite future ce maximum de quatre degrés de substitution? Les auteurs n'ont jamais été d'accord sur ce point, et Cujas, qui soutient la liberté absolue des fidéicommis dans le droit romain, met en doute la bonne foi de Tribonien, rédacteur de la Novelle.

______

(1) Dig., loi 87, *de legatis*, 2°, § 2, et loi 57, *ad sen. cons. Treb.*, § 2.

Cette question n'a plus une grande importance
pour nous, elle souleva au moyen-âge une vive
controverse, parce que les parlements prétendaient
appliquer les principes du droit romain à la jurisprudence française et n'étaient point d'accord
sur ce point.

Une question nous intéresse davantage et nous
regrettons de ne pouvoir lui donner une solution
fort satisfaisante. Il s'agit de savoir comment nous
devons entendre les fidéicommis graduels avant
Justinien, et si un testateur romain put jamais
faire un fidéicommis s'étendant à plusieurs générations, de telle sorte que les fidéicommissaires
n'aient pas coexisté avec le disposant. Les textes
que nous avons trouvé sur les fidéicommis graduels ne nous tirent point d'embarras, car aucun
d'eux n'est formel à cet égard.

Les commentateurs du moyen-âge et de la re-
naissance ne font point de doute sur cette question.

Selon eux, les fidéicommis graduels étaient libres, et rien n'empêchait d'étendre à l'infini le
nombre des degrés de substitutions fidéicommissaires.

Cujas (1) commentant la loi 69, § 3, *de legatis* 2°,

---

(1) Fratre herede instituto petit, ne domus *alienaretur, sed ut
in familia relinqueretur* : si non paruerit heres voluntati, sed
domum alienaverit, vel extero herede instituto decesserit, omnes
fideicommissum petent, qui in familia fuerunt. Quid ergo, si non
sint ejusdem gradus? Ita res temperati debet, ut proximus quis-

dit : « Valde notandum est hoc fideicommissum familiæ relictum pertinere etiam ad eos, qui moriente testatore in rerum natura non fuerunt..... Qui post mortem testatoris concepti sunt, id est omnibus qui sunt in familia gradatim, tametsi plures sint nec ejusdem gradus..... Prima igitur erit causa proximorum..... Deinde sequentium.... Imo qui priores admittantur cavere debent se domum in familia relicturos. » Comme on le voit dans cette explication, Cujas ne doute pas du sens de la loi 69, § 3, *de legatis* 2°.

Nous ne pouvons, quant à nous, admettre cette explication, par la raison toute simple qu'un rescrit d'Adrien défendait de laisser par fidéicommis à des personnes incertaines (1). Ce rescrit d'Adrien nous est parvenu par les Instituts de Gaïus ; or, Cujas ne les connaissait pas.

Mais la Novelle 159, dans quelle espèce a-t-elle pu se produire ? Que faut-il supposer pour en comprendre le sens ?

C'est ici que nous ne pouvons plus avancer, car il nous est bien difficile de concevoir un fidéicommis s'arrêtant après quatre générations de personnes ayant respiré en même temps que le *de cujus*.

Il nous serait plus facile de supposer que le rescrit d'Adrien n'a jamais reçu d'application ; mais nous n'osons prendre parti dans cette grave

---

que primo loco videatur invitatus : nec tamen ideo sequentium causa propter superiores in posteram lædi debet sed ita proximu; quisque admittendus est, si paratus sit cavere.

(1) Gaïus, Inst., com., ii, § 287.

question, et nous nous contentons de l'avoir sou-
levée et d'avoir indiqué les raisons de douter.

Justinien ayant permis de laisser par testament aux posthumes externes, et par conséquent
aux personnes incertaines, et ayant assimilé les
fidéicommis aux legs, il n'y a pas de doute depuis
les Institutes. Aussi l'usage des fidéicommis graduels devint-il fréquent, et finit-il par prendre
ce caractère de conservation de la famille, avec
lequel cette institution passa dans notre ancienne
législation.

DEUXIÈME PARTIE.

SUBSTITUTIONS DANS L'ANCIEN DROIT FRANÇAIS.

Les substitutions passèrent du droit romain dans notre ancien droit français, mais avec un caractère tout différent.

C'était, nous l'avons dit, pour soustraire au fisc tout ou partie de son patrimoine et faire parvenir ses biens à la personne que l'on voulait gratifier que les Romains avaient recours aux fidéicommis.

Les substitutions, chez nous, avaient un tout autre motif; un grand intérêt aristocratique s'y rattachait. Elles servaient, en changeant l'ordre légal des successions, à maintenir dans une famille des biens destinés à en perpétuer la grandeur. Elles conservaient ainsi à la noblesse la richesse territoriale et, avec elle, sa puissance et son éclat. Par le moyen des substitutions, la terre se transmettait avec le nom, à travers les générations, aux représentants successifs des grandes familles.

Ce fut surtout l'admission du droit de primogéniture qui donna la plus grande extension à cet esprit de conservation des biens dans les familles. Montesquieu (1) nous apprend que le droit d'aînesse

---

(1) Esprit des Lois, chap. XXIII.

s'établit parmi les Français comme conséquence de l'hérédité des fiefs ; on ne le connaissait pas dans la première race, le pouvoir royal se partageait entre les frères, et les alleux se divisaient de même ; les fiefs amovibles ou à vie n'étant point un objet de succession, ne pouvaient être un objet de partage. Mais le droit d'aînesse s'établit dans la succession aux fiefs quand ils devinrent héréditaires. La terre se transmettait ainsi avec les obligations qui étaient attachées à sa possession d'aîné en aîné, et cette loi féodale donna lieu à la loi politique ou civile.

Les substitutions prirent donc un immense développement sous l'influence des idées féodales.

Elles furent naturellement admises dans les pays de droit écrit à cause de leur origine romaine. Quant aux coutumes, elles n'embrassèrent point toutes également le principe de la substitution ; on en compte dix qui le rejetèrent entièrement, ou ; du moins, ne l'admirent qu'avec certaines restrictions. La prohibition la plus large est celle qu'on trouve dans les coutumes de Montargis (1), de Bassigny (2) et de Nivernais (3).

---

(1) Tit. xiii, art. 1er. « On ne peut instituer héritier ou substituer par testament et ordonnance de dernière volonté, ne autrement ; car institution d'héritier n'a point lieu, suivant la coutume. »

(2) Tit. xiii, art. 163. « Substitution d'héritier faite en testament ou autre disposition, ne vaut aucunement, soit par forme de légat ou autrement. »

(3) Tit. xxxiii, art. 10. « Institution ne substitution d'héritier par testament n'autrement, n'ont point de lieu en manière que,

La noblesse féodale trouva dans les substitutions le principal fondement de sa puissance. Maîtresse de la propriété foncière, elle avait, en quelque sorte, ses racines dans le sol même, et elle semblait les y enfoncer plus profondement à chaque génération, au moyen de ces substitutions, qui perpétuaient les héritages dans les grandes maisons.

C'est donc à ce droit que devait s'attaquer la royauté dans sa lutte contre la féodalité ; elle n'y manqua point. Elle comprit que, pour détruire la puissance politique des grands, il fallait les frapper dans leur richesse territoriale et, par conséquent, restreindre ou abolir les substitutions.

L'intérêt du commerce qu'elles gênaient par l'immobilité des propriétés, les fraudes occasionnées par l'absence de publicité, les dangers immenses qu'elles présentèrent pour le crédit public, furent aussi de puissants motifs qui poussèrent la royauté dans le système des mesures restrictives où nous la voyons entrer à partir de l'ordonnance de 1553.

Avant de commencer l'examen des ordonnances de 1553, 1560, 1566 et 1747, nous pensons devoir jeter un coup d'œil rapide sur les prin-

---

nonobstant les dites institution ou substitution, l'héritier habile à succéder héritera et sera saisi de la succession; en manière aussi qu'un testament est valable, posé qu'il n'y ait institution d'héritier; et combien que ladite institution ne vaille, ne sera pourtant vicié le testament ès-autres choses » cipes généraux du droit de cette époque en matière de substitutions.

On distinguait deux grandes classes de substitutions, la substitution directe et la substitution fidéicommissaire.

La substitution directe est l'institution d'un second héritier ou légataire pour le cas où le premier serait incapable ou refuserait la disposition faite en sa faveur; ainsi, j'institue Jean mon héritier, et s'il ne peut ou ne veut l'être, je lui substitue Paul; cette substitution est directe, parce que, si elle vient à s'ouvrir, Paul prendra directement la succession des mains du testateur.

La substitution est au contraire fidéicommissaire lorsque le substitué ne doit en profiter qu'après le premier institué.

On divisait la substitution directe en cinq espèces: 1° la substitution vulgaire, la pupillaire, l'exemplaire, la réciproque et la compendieuse (1).

1° *La substitution vulgaire*, ainsi appelée parce qu'elle est la plus ordinaire des substitutions directes, ne se distingue pas toujours facilement de la substitution fidéicommissaire, elle n'avait pas lieu indistinctement dans toutes les coutumes. La coutume de Berry la proscrivait formellement à l'égard des héritiers testamentaires, en ce qu'elle n'admettait qu'une première institution, mais elle paraît l'avoir autorisée au moins tacitement pour les legs.

---

(1) Pothier, Substitutions; Merlin, Répert., Substitutions directes, § 3, n° 9, et § 2, n° 16.

On doit mettre sur la même ligne les coutumes qui prohibaient les institutions d'héritier au point de leur refuser même l'effet d'un simple legs, car les substitutions directes ne sont que des institutions subsidiaires, et c'est pourquoi elles ne peuvent avoir plus d'effet que les institutions mêmes.

2° *La substitution pupillaire* était rangée parmi les substitutions directes, parce que celui en faveur de qui elle est faite, est sous certains rapports censé prendre les biens de la main du père (1).

Cependant sous d'autres rapports le substitué pupillairement était censé succéder au fils et non au père (2).

La substitution pupillaire n'était d'aucun usage dans les pays coutumiers (3).

Si cependant un père faisait en pays coutumier une disposition de ce genre, on ne l'annulait pas entièrement : on la convertissait en substitution fidéicommissaire et on la faisait valoir comme telle sur les biens qui seraient venus du père au fils (4).

---

(1) Ainsi je trouve deux arrêts du parlement de Paris : l'un du 10 juillet 1610, l'autre du 14 juillet 1631, qui assujettissent aux droits seigneuriaux une substitution pupillaire faite par un mari au profit de sa femme, quoiqu'il ne fût rien dû pour les dispositions faites par le fils en faveur de sa mère.

(2) Henry, liv. III, tit. XIV; Ricard, Subst., partie 1, n° 59.

(3) Ricard, Subst., partie 1, n° 90 ; Gudelin, *de jure novissimo*, liv. II, chap. 5; Regnerus, *Censura belgica*, sur la loi 2 *de vulgari subst.*

(4) Ricard, Subst. pup., n° 91 ; arrêt du parlement de Paris du 18 janvier 1656.

Il faut en dire autant de la substitution exemplaire.

3° *La substitution réciproque* est celle qui est faite entre les institués et qui appelle l'un au défaut de l'autre ; la substitution réciproque ne forme pas une espèce distincte des autres substitutions, au contraire elle les comprend : ainsi on peut substituer réciproquement dans une substitution directe comme dans une substitution fidéicommissaire. Quand on substitue réciproquement deux institués, celui qui recueille est censé appelé à la portion de l'autre qui ne recueille pas et vient comme substitué vulgaire s'il s'agit d'une substitution directe ordinaire.

Si les institués sont des impubères et que l'un d'eux vienne à décéder impubère, mais après avoir recueilli, l'autre lui succédera par droit de substitution pupillaire ; de même dans le cas de substitution fidéicommissaire. Si j'ai dit : J'institue mes trois enfants et je les substitue réciproquement en cas de décès sans postérité, la part de celui qui décédera sans postérité après avoir recueilli, se divisera entre ses deux frères.

4° La substitution compendieuse, comme la réciproque, ne forme pas une variété spéciale. C'est une disposition conçue en termes généraux, mais qui renferme en même temps la substitution directe et la substitution fidéicommissaire. Par exemple : J'institue Paul, mais en cas de mort, ou après sa mort, je lui substitue Jean.

Il faut pour la rendre telle : 1° qu'elle soit

exprimée en termes directs, parce que s'ils étaient fidéicommissaires, la substitution directe ne pourrait y être comprise; 2° que la disposition contienne une clause emportant la continuation d'un temps quelconque après l'adition, et cela, dit Ricard, pour marquer que l'intention du testateur a été de faire quelque chose de plus qu'une substitution directe, et que son dessein a été de l'étendre à la fidéicommissaire.

Elle devenait vulgaire si le substitué venait à mourir avant que l'institué eût recueilli ; pupillaire, si le substitué ne venait qu'après que l'institué avait recueilli, pourvu qu'il mourût impubère ; fidéicommissaire, si l'institué qui avait recueilli ne mourait qu'après avoir atteint sa puberté (1).

SECTION II.

Des substitutions fidéicommissaires.

La substitution fidéicommissaire est définie par Thévenot d'Essaule (2), une disposition de l'homme par laquelle en gratifiant quelqu'un expressément ou tacitement, on le charge de rendre la chose à un tiers qu'on gratifie en deuxième ordre.

Dans nos provinces de droit écrit et dans nos

____

(1) Merlin, Subst. dir., § 3.
(2) Traité des subst. fidéic., page 5.

pays coutumiers où la substitution fidéicommissaire n'était pas prohibée, quiconque pouvait
donner entre-vifs ou à cause de mort, avait le
droit de faire une substitution fidéicommissaire.
Toutefois, dans les pays de droit écrit, où le droit
romain n'était point modifié par la coutume, on
ne pouvait substituer qu'autant qu'on avait la faculté de tester. Un arrêt (1) du parlement de Paris,
du 13 février 1680, a jugé que dans un pays où
l'on ne pouvait être à la fois héritier et légataire,
il était permis à un testateur de substituer la
portion d'un de ses héritiers au profit des autres.

Les personnes rustiques, les gens de la campagne, autres que les bourgeois et les gentilshommes, ne jouissaient pas du droit de faire des
substitutions fidéicommissaires, les artisans des
villes en jouissaient (2).

Toutefois cette prohibition, à l'égard des gens
de campagne, ne fut jamais observée qu'au parlement de Bourgogne, et même cessa d'exister
depuis l'ordonnance de 1747 (3).

On pouvait appeler à une substitution toutes
les personnes auxquelles on pouvait faire une
libéralité directe. On pouvait même y appeler
une personne à naître et non conçue, quoiqu'on
ne pût pas l'instituer directement.

----

(1) Dictionnaire des arrêts de Billau, mot *substitution*.
(2) V. Recueil de Perrier, 9, 13, 180, 248, n° 76; Ordonnance
de 1629, art. 25.
(3) Ordonn. de 1747, tit. 1er, art. 1er.

Mais à part cette exception, on ne pouvait appeler à une substitution testamentaire que ceux qu'on aurait pu instituer, et à une substitution par acte entre vifs, que ceux à qui on pouvait donner entre vifs. Ainsi, on ne pouvait appeler un aubain à une substitution testamentaire, parce qu'il ne pouvait recevoir par testament, mais il pouvait être substitué par acte entre vifs, parce qu'il n'était pas incapable d'être donataire entre vifs.

On pouvait grever de substitution tous ceux auxquels on laissait quelque chose par quelque disposition testamentaire que ce fût, à titre d'institution d'héritier, ou à titre de legs, universel ou particulier, ou enfin à titre de substitution universelle ou particulière. On pouvait même grever son débiteur pour ce qu'il devait, car on était censé, en ce cas, lui en léguer la libération. On pouvait aussi grever de substitution son héritier ab intestat, car il était censé tenir de son auteur tout ce que ce dernier ne lui ôtait pas, bien qu'il pût le donner à d'autres. Il en était de même d'un donataire entre vifs ou d'un institué contractuellement.

On ne pouvait en général grever quelqu'un de substitution, que jusqu'à concurrence de ce qu'il recevait (1). Mais si le grevé recevait une somme à charge de rendre une chose qui lui appartenait, il n'aurait pas été admis, après son accepta-

---

(1) Justin liv. ii, tit. xiv, § 2; Dig., loi 114, de legatis 1°.

tion, à prétendre que sa chose valait plus que la somme.

Le droit romain permettait de substituer toute espèce de meubles, mais l'ordonnance de 1747, art. 4, 5, 6, 7, 8, 9 et 10, supprime cette disposition.

L'art. 2 du tit. 1er de l'ordonnance de 1747 a consacré la doctrine des Institutes, relativement aux immeubles (1).

Les servitudes et les rentes foncières pouvaient certainement être substituées, puisqu'elles étaient immeubles et même comprises sous la dénomination d'héritages.

Pour les rentes constituées et les offices, l'ordonnance de 1747 (art. 3, tit. 1er) permet d'en faire l'objet de substitution; mais un arrêt du parlement de Paris (2) a décidé que l'intérêt, dans une société de commerce, est meuble et ne peut être substitué en nature.

Les substitutions faites par donation entre-vifs ou par institution contractuelle devaient être contenues dans l'acte même de donation. Au contraire, les substitutions faites par testament ou dont on grevait l'héritier ab intestat pouvaient, jusqu'à la mort du disposant, être contenues dans un autre acte de dernière volonté (3).

Quoiqu'aux termes de l'ordonnance de 1747, il

______

(1) Instit. de Justin., liv. 11, tit. xxiv, pr. de sing. reb. per fideic. rel.

(2) 27 août 1781.

(3) Pothier.

ne fût point permis au donateur par contrat de mariage de se réserver la faculté de substituer postérieurement les biens compris dans la donation, il pouvait cependant imposer cette charge à ces biens, si, postérieurement à la donation, il faisait au donataire une nouvelle libéralité que celui-ci acceptait ave la condition que les biens précédemment donnés seraient grevés de substitution ; cette substitution n'avait d'effet que du jour où le donataire avait accepté la deuxième donation (1).

SECTION III.

Les substitutions étaient universelles ou particulières : universelles, quand on disposait ainsi de l'universalité de ses biens ou d'une quote-part de cette universalité ; particulières, quand le fiduciaire n'était chargé de rendre que des objets déterminés.

Elles étaient pures et simples ou limitées : pures et simples, quand le grevé devait restituer tout ou quote-part de tout ; limitées, lorsque le fidéicommis ne devait s'étendre qu'aux biens qui resteraient, qui se trouveraient en nature dans les biens du grevé lors de l'ouverture de la substitution.

La coutume de Bretagne, en prohibant les substitutions, permettait cependant de donner, à la

---

(1) V. l'art. 1052 du Code Nap.

condition de rendre à un tiers, seulement ce dont le donataire n'aurait pas disposé (1).

D'après la jurisprudence des parlements, la quarte Pégasienne était admise dans notre ancien droit français (2).

Mais cette quarte ou quart des biens au profit du grevé de substitution n'était accordée qu'à l'héritier en ligne directe chargé de remettre la succession, et au premier degré ; elle n'était pas due au grevé en ligne collatérale, ni au donataire entre-vifs.

Telle est, en résumé, l'idée générale qu'on peut se faire des substitutions dans notre ancien droit. C'est à partir du seizième siècle que nous voyons le législateur s'émouvoir des graves dangers qu'elles présentent.

Aux États généraux, tenus à Orléans en 1560, le tiers-état signala ces abus, et, comme nous le verrons, l'ordonnance d'Orléans fit droit à ses doléances. Cette ordonnance n'est point notre premier monument législatif où il soit question de substitutions ; nous trouvons dans l'art. 15 d'une ordonnance rendue par le roi Henri II, à Saint-Germain-en-Laye, le 3 mars 1553 (3), des dispo-

______

(1) Pothier, sect. 1, art. 2.

(2) Rousseau, v. Quarte Trebellianique (Merlin).

(3) Ordonnance de Saint-Germain-en-Laye, art. 15 : « Et pour éviter les fraudes que pourraient faire les héritiers, qui, pour frauder les substitués fidéicommissaires, pourraient céler le contenu ès-testament de ceux auxquels ils auraient succédé, et contracter au préjudice d'iceux, des choses sujettes auxdites substitutions, dont après pourraient être travaillés les contractants

sitions destinées à remédier aux abus de clandes-
tinité, dont trop souvent se rendaient coupables
les grevés de restitution.

La privation des successions échues ou l'annu-
lation des testaments, telle était la sanction des
dispositions de l'ordonnance de 1553. Mais cette
ordonnance n'atteignait qu'un des abus des substitutions; elle ne tendait qu'à protéger les créanciers et les tiers contre les fraudes scandaleuses
qui se produisaient, lorsque dans l'ignorance de
la substitution on traitait avec le propriétaire
apparent dont la fortune ne devait jamais servir
de gage à ses créanciers.

Il existait un autre abus plus grave peut-être,
et que nous avons déjà signalé plus haut; nous
voulons parler des entraves que l'immobilité dont
les substitutions indéfinies frappaient les possessions territoriales créaient au commerce. Ces
possessions formaient la portion la plus considérable de la propriété nationale. Emprisonnées
dans les mêmes mains pendant des siècles, elles
étaient privées de cette mobilité féconde que le
commerce imprime à la richesse. L'intérêt de
l'État, comme celui des particuliers, appelait
impérieusement la réforme de cet abus.

avec eux, par lesdits substitués qui le voudraient exécuter autant
qu'ils n'auraient eu connaissance desdites substitutions, avons
ordonné, etc., etc., que tous les testaments portant substitutions
soient publiés, intimés et enregistrés, et que tous les héritiers,
soit institués ou ab intestat, seront tenus de faire publier,
intimer et enregistrer, comme dit est, lesdits testaments dedans
trois mois après la mort du testateur.

D'ailleurs, l'ordonnance de Saint-Germain-en-Laye ne put prévaloir contre la force de la routine et l'opiniâtre résistance des intéressés, elle ne fut jamais exécutée.

Jusqu'au milieu du XVIe siècle, aucune loi n'avait réglé le droit de restitution dans les substitutions graduelles. Jusqu'où s'étendait ce droit? A combien de degrés le donateur ou testateur pouvait-il substituer ses biens? La jurisprudence de certains parlements admettait dix degrés de restitution ; suivant d'autres parlements. les biens ne pouvaient ainsi être retirés du commerce que pendant cent ans au plus. Les auteurs, tirant argument de la célèbre Novelle (1), prétendaient que l'on devait limiter à quatre le nombre des degrés de substitution (2). Cette incertitude était, on le conçoit, extrêmement préjudiciable aux intérêts des tiers, car, d'un côté, la jurisprudence laissait les biens hors du commerce pendant un temps très long, et de l'autre, ils ne pouvaient jamais savoir la véritable durée de la substitution.

Les ordonnances d'Orléans, 1560, et de Moulins, 1566, rendues toutes deux sous le règne du roi Charles IX, et dues à l'influence du chancelier de l'Hospital qui les rédigea lui-même, devaient apporter un remède à ces graves inconvénients.

----

(1) Novelle 159, chap. II.

(2) « Non est alia lex quam voluntas testatoris, » disait Cujas en rejetant cette proposition.

L'ordonnance d'Orléans commença à fixer ce point de législation jusqu'alors laissé indécis ; elle limita à deux degrés, l'institution non comprise, la restitution des biens substitués ; mais l'ordonnance restait muette à l'égard de la publicité à donner aux substitutions, et, ne statuant que pour l'avenir, gardait le silence sur les substitutions faites antérieurement.

Elle ne produisit pas d'ailleurs beaucoup plus de résultats que l'ordonnance de Henri II. Grâce à l'adroite interprétation des auteurs, et de la jurisprudence qui ne comptaient que pour un degré, toutes les substitutions faites en faveur d'une même génération, l'ordonnance se trouvait éludée, puisqu'on pouvait substituer à un grevé tous ses enfants, sans qu'il y eût plus d'un degré.

Six ans plus tard, en 1566, l'ordonnance de Moulins vint compléter celle d'Orléans.

L'ordonnance de Moulins renferme deux dispositions importantes relatives aux substitutions.

La première de ces dispositions a pour objet la publicité à donner aux actes contenant substitution ; sur ce point elle modifie quelque peu l'ordonnance de Saint-Germain-en-Laye. Comme celle-ci, elle prescrit l'enregistrement de toutes formalités entre-vifs ou testamentaires qui contiennent des substitutions ; mais, à défaut d'enregistrement, l'ordonnance de Moulins n'annule que la substitution et non la disposition tout entière.

tandis que l'ordonnance de 1553 anéantissait l'acte tout entier (1).

Une deuxième disposition de l'ordonnance de Moulins limitait à quatre degrés de restitutions les substitutions faites antérieurement à l'ordonnance d'Orléans.

Cette disposition de l'ordonnance de Moulins reçut des parlements diverses interprétations. Les uns prétendaient qu'elle apportait une modification à l'ordonnance d'Orléans, et que désormais il était permis de substituer ses biens à quatre degrés de restitutions, l'institution non comprise; tandis que les autres soutenaient que, loin de déroger à l'ordonnance d'Orléans, l'ordonnance de Moulins n'en était que le corollaire et l'interprétation.

L'esprit de cette ordonnance (2) est à noter.

Le législateur sait bien que les substitutions sont contraires à la morale, au crédit, à l'agriculture et à l'industrie, mais n'osant heurter de front d'anciens préjugés, attaquer des habitudes invétérées, des idées passées dans les mœurs, il semble tolérer un mal nécessaire qu'il s'efforce de resserrer dans d'étroites limites.

____

(1) Ordonn. de Moulins, art. 57.

(2) Elle fut donnée par Louis XV, au camp de la commanderie du Vieux-Jonc, au mois d'août 1717, et enregistrée au parlement de Paris le 27 mars 1748.

L'ordonnance de 1717 n'a pas été enregistrée au parlement de Provence, et ne faisait pas loi dans le ressort de cette cour, quoique Sallé et Thevenot d'Essaule aient dit le contraire (Merlin).

Les considérants officiels de l'ordonnance nous apprennent que l'on s'est proposé seulement de rendre les substitutions plus utiles aux familles. Mais les lettres de d'Aguesseau nous fournissent la preuve de son véritable sentiment à l'égard des substitutions. Dans une lettre adressée au premier président du parlement d'Aix il s'exprime ainsi : « L'abrogation entière de tout fidéicommis serait peut-être, comme vous le pensez, la meilleure de toutes les lois, et il pourrait y avoir des moyens plus simples pour conserver dans les grandes maisons, ce qui suffirait à en soutenir l'éclat ; mais j'ai peur que pour y parvenir, surtout dans un pays de droit écrit, il ne fallût commencer par reformer les têtes, et ce serait l'entreprise d'une tête qui aurait elle-même besoin de réforme. C'est en vérité un grand malheur qu'il faille que la vanité des hommes domine sur les lois mêmes. » Ne pouvant faire disparaître l'abus, le chancelier chercha à en diminuer les conséquences.

L'ordonnance de 1747 fut un véritable Code des substitutions, toutes les grandes controverses qu'avaient soulevées les obscurités des ordonnances précédentes, reçurent une solution définitive. Elle traite avec détail des personnes qui peuvent substituer et qui peuvent être substituées, des biens qui peuvent être l'objet d'une substitution, des droits qui peuvent être exercés sur ces biens, des clauses, des conditions, de la durée des substitutions, des règles à observer par ceux qui sont grevés de substitutions, des juges qui doivent en connaître, et de l'autorité de leur jugement. Elle restreint à deux degrés (l'institution non comprise) les restitutions fidéicommissaires.

Les degrés se comptent par tête. Sont toutefois du même degré ceux qui, compris dans la même disposition, sont appelés à recueillir ensemble.

Tandis que la royauté française s'efforçait ainsi de restreindre les substitutions, un mouvement analogue se faisait remarquer en Angleterre. Dès le règne d'Edouard III, le mode judiciaire du commun recouvrement est introduit pour éluder le statut *de donis* (1) qui avait fait revivre les anciennes restrictions féodales imposées dans l'origine sur les aliénations.

L'établissement de la loi de famille *de donis* avait occasionné des difficultés à l'infini. Les enfants, surs de n'être pas exclus des biens paternels, s'écartaient de l'obéissance due à leur père. Les fermiers se trouvaient privés de la jouissance des baux que leur avaient passé les tenants chargés de substitutions. Si ces baux eussent été valables, alors, au moyen de baux à long terme, l'héritier aurait pu se trouver déshérité par le fait. Des créanciers étaient frustrés de leurs créances. . . . On accusait donc avec raison ce mode de substi-

___

(1) . . . . . Les nobles qui voulaient perpétuer leurs possessions dans leur famille firent rendre, pour mettre un terme à ces difficultés, le statut de Westminster, communément appelé *de donis conditionalibus* (Blackstone, Commentaires sur les lois anglaises, tome II, page 187).

tution d'être la source de nouveaux procès et de troubles inconnus sous la loi commune, il fut donc considéré comme un mal pesant sur toute l'Angleterre.

Comme la noblesse tenait beaucoup à un statut qui préservait de la confiscation des propriétés de famille, on ne pouvait espérer d'en obtenir la révocation par le parlement. On imagina, pour l'éluder, le mode judiciaire du commun recouvrement. Le commun recouvrement est un mode de transport légal que les tribunaux autorisent, et qui met les biens à la disposition du grevé de substitution. La quatrième année de son règne, Henri VII promulgua deux statuts qui établissent un autre mode de procéder pour éluder le statut *de donis*, c'est l'accord final, composition à l'amiable, accommodement sur un procès fictif avec l'autorisation du roi ou de ses juges, au moyen duquel arrangement, les terres dont il s'agit sont reconnues appartenir à l'une des parties. L'accord final (1) met fin non-seulement au procès commencé, mais à toutes autres contestations sur le même sujet (2).

La propriété foncière, jusqu'alors condamnée

---

(1) La procédure en accord final et la procédure en commun recouvrement se ressemblent beaucoup; c'est toujours un procès fictif, une espèce de revendication; mais dans la procédure en commun recouvrement, il y a un personnage de plus, un garant (Voucher); c'est ordinairement l'huissier du tribunal qui joue ce rôle, aussi l'appelle-t-on commun Voucher.

(2) Blakstone, tome 3, page 237.

à l'immobilité, se déplaça, se morcela et passa en grande partie aux mains des communes ; celles-ci acquirent ainsi une importance qui devait, sous les Stuarts, les rendre redoutables à la royauté elle-même. Aussi un illustre historien (1) regarde-t-il l'abolition des substitutions comme une des causes les plus actives de la révolution de 1648.

Des difficultés s'étant élevées lors de l'application du statut d'Henri VII, un statut interprétatif d'Henri VIII, rendu dans la trente-deuxième année de son règne, abolit indirectement les substitutions. Elisabeth avait déclaré valides, sans qu'on eût recours au commun recouvrement ou à l'accord final, les dispositions charitables. Jacques 1er autorisa la vente des biens grevés, pour acquitter les dettes d'un banqueroutier. Ces derniers actes sont à peu près contemporains des ordonnances d'Orléans et de Moulins ; ces restric-

(1) Les lois féodales opposaient des entraves à la vente et à la subdivision des fiefs ; un statut de Henri VII les abolit indirectement, en partie du moins... Les propriétés se divisèrent... Presque tous ces biens étaient achetés par les gentilshommes qui vivaient dans leurs terres, les francs tenanciers qui cultivaient les leurs, les bourgeois qui se retiraient du négoce ; eux seuls acquéraient, par le travail ou l'économie, de quoi payer ce que ne pouvaient garder les gens de cour. L'agriculture prospérait, les villes se remplissaient d'une population riche, active, indépendante, et le mouvement qui faisait passer dans ses mains une bonne part de la fortune publique fut si rapide, qu'en 1628, à l'ouverture du parlement, la chambre des communes se trouva trois fois plus riche que la chambre des pairs (M. Guizot, *Histoire de la révolution d'Angleterre*, tome 1er, livre 1er).

tions n'ont pas cessé d'être appliquées, et on est disposé à les étendre en Écosse, où les substitutions ont conservé leur vigueur.

Nous arrivons à la révolution française de 1789. Jetant un coup d'œil en arrière, nous pouvons voir que la royauté avait réglé le droit de substituer de manière à laisser quelques garanties de sécurité au commerce, mais qu'elle avait eu garde de l'abolir entièrement.

Victorieuse de la vieille aristocratie féodale, elle n'avait, depuis le ministère de Richelieu, plus rien à redouter de sa puissance. Elle avait fait de la noblesse comme le cortége brillant de la royauté, depuis que Louis XIV avait entouré le trône de tant de majesté et de pompe, que les plus fiers n'eurent plus d'autre ambition que de briller à la cour et de plaire au roi. La couronne, maintenant, avait donc intérêt à laisser exister une institution dont elle-même tirait avantage, la fortune des grandes familles ajoutant à son propre éclat. Aussi, Montesquieu (1), examinant les lois conformes au principe de la monarchie, dit-il formellement, que *les substitutions qui conservent les biens dans les familles sont très utiles dans ce gouvernement.* Où s'arrêtait l'œuvre de nivellement de la monarchie, commençait celle de la révolution.

---

(1) Esprit des Lois, liv. v, chap. IX.

TROISIÈME PARTIE.

DROIT INTERMÉDIAIRE.

La royauté avait assez fait pour elle-même en réduisant la noblesse, déchue de sa puissance politique, à n'être plus que l'ornement du trône ; la Révolution, en introduisant dans notre législation un principe nouveau, l'égalité civile, devait en effacer tous les droits contraires à ce grand principe. A ce titre, les substitutions devaient être condamnées.

Au mois de novembre 1790, après la lecture, par Merlin, d'un rapport sur le partage des successions ab intestat, Mirabeau demanda qu'en s'occupant de faire disparaître les inégalités résultant de la loi, l'Assemblée Nationale fît disparaître aussi les inégalités résultant de la volonté de l'homme, c'est-à-dire les substitutions (1). De là le décret du 8-15 avril 1791 sur l'égalité des partages, et le décret du 5-12 septembre de la même année, sur les clauses interprétatives des testaments.

Sous l'Assemblée Législative, le député Brival demanda la suppression des substitutions qui

---

(1) *Moniteur* du 23 novembre 1790.

pourraient se faire sur les biens possédés aux colonies par les émigrés.

Après un court débat, il fut décidé en principe qu'il n'y aurait plus de substitutions (1).

Le 25 octobre 1792, la discussion fut reprise, mais la loi ne fut votée que le 14 novembre suivant. Ainsi, l'abolition des substitutions fut l'objet d'un triple vote, le 25 août, le 25 octobre et le 11 novembre 1792.

La loi des 25 octobre et 14 novembre 1792 prohiba pour l'avenir les substitutions fidéicommissaires, et déclara éteintes celles qui, créées antérieurement, n'étaient point encore ouvertes à l'époque de sa publication. Voici ses termes :

Art. 1er. Toutes substitutions sont interdites et prohibées pour l'avenir.

Art. 2. Les substitutions faites avant la publication du présent décret, par quelques actes que ce soit, qui ne seront pas ouvertes à l'époque de ladite publication, sont et demeurent abolies et sans effet.

Art. 3. Les substitutions ouvertes lors de la publication du présent décret, n'auront d'effet qu'en faveur de ceux seulement qui auront alors recueilli les biens substitués ou le droit de les réclamer.

L'héritage d'une famille cessa dès lors d'être le patrimoine d'un seul. Tous les enfants furent appelés à prendre part à la succession de leur père. Par là on vit les grandes fortunes se diviser, la

______

(1) *Moniteur* du 26 août 1792.

propriété foncière se morceler, et les dernières traces de la féodalité disparaître.

L'art. 2 de cette loi donne lieu à la question suivante : A qui devait profiter l'abolition des substitutions fidéicommissaires, lorsque par un testament fait avant la publication de la loi, le testateur s'était ainsi exprimé : « J'institue Paul héritier de tous mes biens immeubles, pour en jouir seulement pendant sa vie, mon intention étant qu'après sa mort, les mêmes biens retournent à Pierre; et si Pierre vient à mourir sans enfant, je lui substitue Jean. « Est-ce l'héritier institué, qui, par l'effet de l'abolition des substitutions, devient propriétaire incommutable des biens, ou demeure-t-il simple usufruitier ? Et dans ce cas est-ce en faveur de la personne appelée immédiatement, ou au profit de l'héritier ab intestat que la substitution est abolie ?

Un arrêt de la Cour de Cassation du 19 nivôse an XII jugea que dans ce cas, l'institué était devenu propriétaire libre et définitif, par l'effet de la loi des 25 octobre et 14 novembre 1792.

QUATRIÈME PARTIE.

SYSTÈME DU CODE NAPOLÉON.

L'abolition des substitutions en principe est confirmée par l'art. 896 du Code Napoléon ; les raisons s'en trouvent longuement développées dans le discours de M. Bigot de Préameneu, présentant au Corps Législatif, dans la séance du 2 floréal an XI, l'exposé des motifs du titre des donations entre-vifs et des testaments.

« L'esprit de fraude » dit-il « introduisit les substitutions, l'ambition se saisit de ce moyen et l'a perpétué. On avait réussi à éluder la loi pour avantager des personnes incapables de recevoir ; on essaya le même moyen pour opérer une transmission successive au profit même de ceux qui ne seraient point sous le coup des lois exclusives.

« L'expérience a prouvé que dans les familles opulentes, cette institution n'ayant pour but que d'enrichir l'un de ses membres en dépouillant les autres, était un germe toujours renaissant de discordes et de procès. Les parents nombreux qui étaient sacrifiés et que le besoin pressait n'avaient de ressource que dans les contestations qu'ils élevaient, soit sur l'interprétation de la volonté, soit sur la composition du patrimoine, soit sur la part qu'ils pouvaient distraire des biens substitués, soit enfin sur l'omission ou l'irrégularité des formes exigées. Il ne saurait y avoir un plus grand vice dans l'organisation d'une famille que celui de tenir dans le néant tous ses membres pour donner à un seul une grande existence ; de réduire ceux que la nature a faits égaux à employer les secours et la bienfaisance du possesseur d'un patrimoine qui devait être commun ; et rarement l'opulence, quand son origine n'est pas pure, inspire des sentiments de bienfaisance et d'équité. »

Toutefois, le législateur de 1803 n'a point cru devoir conserver dans toute sa vigueur le principe de la prohibition des substitutions pour des motifs que nous développerons quand nous parlerons des dispositions fidéicommissaires autorisées par la loi ; les rédacteurs du Code, dans l'intérêt bien entendu des familles, ont, dans une certaine limite, autorisé un testateur à imposer à son héritier la charge de conserver et de rendre.

Mais de semblables dispositions ne doivent plus être faites que par un père en faveur de ses petits-enfants, ou par un frère, sans enfant, en faveur des enfants de son frère (les neveux du testateur).

Sous l'empire de cette législation en vigueur aujourd'hui, la restitution ne peut être faite seulement à l'un des enfants du grevé que le testateur aurait désigné ; la restitution doit être faite, par portions égales, à tous les enfants de celui qui a été chargé de conserver pour rendre.

De plus, une fois les petits-enfants ou les neveux du donateur ou testateur en possession des biens substitués, ils en acquièrent immédiatement la propriété définitive, et les biens restent désormais libres entre leurs mains (1).

Notre sujet se divise donc naturellement en deux chapitres distincts : dans un premier, nous traiterons des dispositions fidéicommissaires que la loi prohibe ; dans un second, des substitutions permises.

CHAPITRE PREMIER.

DES SUBSTITUTIONS PROHIBÉES.

SECTION PREMIÈRE.

Caractères distinctifs de la substitution prohibée.

Les auteus indiquent quatre signes principaux auxquels on peut reconnaître les substitutions prohibées, ce sont :

1° Une double transmission successive de la même chose à titre gratuit, l'une en faveur du grevé, l'autre en faveur de l'appelé ;

2° Un intervalle (*tractus temporis*) entre le moment où s'ouvre le droit du grevé et celui où s'ouvre celui de l'appelé, intervalle pendant lequel le grevé est propriétaire sous condition ré-

---

(1) Art. 1048 et suiv. du Code Napoléon.

solutoire (la condition qui résout son droit est la survie de l'appelé) ;

3° L'éventualité de la seconde transmision résultant de l'incertitude de l'existence et de la capacité des appelés au moment de la restitution, devra être faite ;

4° Et c'est le principal caractère de la substitution prohibée : charge de conserver et de rendre.

Premier caractère distinctif de la substitution : — *double transmission* (1), c'est-à-dire attribution successive du même objet à deux ou à plusieurs personnes. Ce caractère est essentiel, car c'est par l'absence de cette double disposition que la substitution vulgaire se distingue de la substitution fidéicommissaire. Je lègue mes biens à Pierre, et pour le cas où celui-ci ne pourrait ou ne voudrait pas les recueillir, je les lègue à Paul. Il n'y a point là de double transmission ; il n'y a point de légataires se succédant l'un à l'autre ; il n'y a que Pierre ou Paul ; quel que soit celui des deux qui sera légataire, peu importe, il sera investi d'un droit irrévocable, et aucun des dangers de la charge de conserver et de rendre ne se présente dans cette hypothèse.

Cette même idée de double disposition du même objet, rapprochée du second caractère, le trait de temps, nous sert encore à distinguer la substitution prohibée du simple fidéicommis, par lequel le grevé serait chargé de recevoir pour

---

(1) Les anciens auteurs exprimaient la même idée en disant qu'il faut *ordo successivus* pour caractériser la substitution.

rendre immédiatement, disposition qui n'est point interdite par l'art. 896. Il faut même aller plus loin et dire que si la restitution n'était retardée que pour laisser au fiduciaire l'administration des biens légués jusqu'au moment de la remise, cette disposition devrait être maintenue, parce qu'alors il n'y aurait pas deux impressions successives du titre de propriétaire sur deux têtes différentes, il n'y en aurait qu'une (1).

C'est encore le même caractère qui distingue la substitution prohibée de l'hypothèse prévue par l'art. 899 : « Je donne ou je lègue l'usufruit d'une maison à Pierre, la nue propriété à Paul » ; il est clair qu'il n'y a point là les caractères d'une substitution prohibée. Pierre a, dès à présent à lui, un démembrement de la propriété sur lequel il peut constituer des droits réels irrévocables. Paul a aussi un droit réel, définitif, déterminé, qu'il peut aliéner et hypothéquer ; il est vrai que ce droit s'éteindra par sa mort, mais tous ses ayant-cause ont dû prévoir cette extinction. Cela paraît tellement évident, que l'on ne conçoit guère pourquoi le Code a pris la peine de l'exprimer formellement dans un article spécial.

Le législateur a sans doute voulu prévenir le doute qui aurait pu naître de l'analogie apparente qui existe entre la position de l'usufruitier et celle du grevé de restitution, mais il y a entre eux de nombreuses différences.

---

(1) Il faut que le simple fidéicommissaire soit conçu.

1° Le grevé de restitution est, nous l'avons déjà dit, propriétaire sous condition résolutoire, la mort de l'appelé consolide son droit. Au contraire, l'usufruitier a un droit déterminé sur la chose, il en a la jouissance, peu lui importe que le nu-propriétaire lui survive ou ne lui survive point, il sera toujours usufruitier et rien qu'usufruitier. Si le nu-propriétaire meurt avant lui, rien ne sera changé, les héritiers du nu-propriétaire lui succéderont à l'expiration de l'usufruit.

2° Les actes de l'usufruitier ont aussi le même caractère déterminé ; s'il établit une servitude, s'il constitue une hypothèque sur les immeubles dont il a la jouissance, l'usufruit seul est grevé de servitude, d'hypothèque. Le grevé, au contraire, ne peut consentir sur les immeubles substitués que des droits éventuels, que l'événement de la condition (la survie de l'appelé) frappera toujours de stérilité !

3° L'usufruitier ne profite pas des coupes de bois faites dans des forêts qui, au moment de son entrée en jouissance, n'avaient point encore été mises en coupes réglées (1). Nous ne trouvons aucune disposition qui défende au grevé de restitution d'en profiter.

4° L'art. 601 oblige l'usufruitier à donner caution, le grevé n'est point soumis à cette obligation.

5° L'usufruitier n'est point tenu des grosses ré-

---

(1) Art. 591 et 593 du Code Napoléon.

parations, le grevé, au contraire, doit les faire, car il a contracté l'obligation de veiller à la conservation des biens. Il faut encore décider qu'il n'y a point substitution dans l'hypothèse suivante : « Je lègue l'usufruit de mes biens à Pierre, et je veux qu'après Pierre, cet usufruit passe à Paul. » En effet, chacun de ces droits d'usufruit est un droit spécial. Pierre n'est point un propriétaire sous condition résolutoire chargé de conserver et de rendre ; l'usufruit, s'éteignant, va rejoindre la nu-propriété, et c'est au nu-propriétaire que Paul, le second usufruitier, devra demander la délivrance de son droit.

Mais il faut nécessairement supposer qu'au moment de la constitution des deux usufruits, les deux usufruitiers successifs sont vivants ou au moins conçus, car la disposition ne saurait valoir en faveur de celui qui ne serait point encore conçu, à cause de la règle (1) qui veut que, pour recevoir de quelqu'un il faut avoir coexisté avec lui, règle à laquelle il n'est fait exception que dans les cas prévus par les articles 1048 et suivants du Code Napoléon.

Second caractère distinctif de la substitution. — *Le trait de temps,* c'est-à-dire l'intervalle qui s'écoule entre le moment où le grevé reçoit et celui où il restitue : on reconnaît que pour qu'il y ait substitution, il faut que la propriété ait successivement reposé sur deux têtes ; mais n'y a-t-il

---

(1) Voir l'art. 906 du Code Napoléon.

vraiment substitution prohibée que lorsque la double disposition est subordonnée à un trait de temps qui va jusqu'à la mort du grevé?

Sur ce point on n'est pas d'accord ; ceux qui soutiennent que pour qu'il y ait substitution le grevé doit avoir charge de conserver jusqu'à sa mort, argumentent : 1° de l'ancienne jurisprudence où les substitutions étaient toujours présumées faites en ce sens; 2° des motifs qui ont fait prohiber les substitutions. N'est-ce pas parce qu'elles entravaient la circulation des propriétés, et plaçaient hors du commerce les biens qui en étaient l'objet? Parce qu'elles établissaient un ordre particulier de succession à côté de celui établi par la loi. Ce qui suppose que dans la pensée du législateur la transmission n'avait lieu qu'à la mort du grevé.

Enfin un argument très puissant se tire des exceptions mêmes que le Code a faites à la prohibition, car les substitutions auxquelles se réfère cette exception supposent que la charge de rendre ne doit être exécutée qu'à la mort du donataire ou légataire.

Dans l'opinion contraire on reconnait les caractères de la substitution prohibée, dès qu'il y a éventualité du droit de l'appelé, et charge de conserver et de rendre, alors même que l'époque de la remise serait autre que celle de la mort du grevé. On argumente en ce sens de la généralité des termes de 896. On convient que les seules substitutions que le Code ait entendu proscrire

sont celles qui étaient désignées sous cette dénomination avant la loi de 1792, et que les anciennes substitutions ne s'ouvraient qu'à la mort du
grevé. Mais il en résulte seulement, dit-on, que
cette époque était de droit sous-entendue quand
on n'en avait point fixé d'autre; du reste, on n'aurait pas contesté le titre de substitution à une
disposition à charge de conserver et de rendre
subordonnée à toute autre condition (1).

En conséquence, tout ce qu'on conclut de l'ancien usage, c'est que, dans le doute et quand les
expressions employées par un testateur convien-
dront aussi bien à la nature d'une disposition
permise qu'à celle des substitutions, on devra
être porté à n'y point reconnaître une disposition
prohibée, si l'époque de la remise n'est pas celle
de la mort du grevé; mais ce n'est là qu'une règle
interprétative et nullement un moyen infaillible
de distinguer les substitutions (2).

Nous pensons, quant à nous, qu'il n'y a pas de
substitution prohibée toutes les fois que le trait
de temps ne se prolonge point jusqu'à la mort du
grevé. Décider autrement, c'est mettre le législateur en contradiction flagrante avec lui-même.
En effet, aux termes de l'art. 1040 du Code Napoléon, un legs peut être fait soit sous condition
suspensive, soit sous condition résolutoire. Or
n'y a-t-il pas charge de conserver et de rendre

____

(1) Cette doctrine est celle de Thévenot-d'Essaule, n° 919.
(2) Thémis, tome 1er, page 141.

dans le legs sous condition suspensive suivant : J'institue Paul mon héritier, et je lègue ma maison à Pierre, si tel navire arrive d'Asie. Paul devra conserver le maison et la rendre au légataire si la condition s'accomplit. Réciproquement, dans le cas du legs sous condition résolutoire, le légataire sera à son tour tenu de conserver l'objet légué, sur lequel il n'y a qu'un droit de propriété résoluble, et de le rendre aux héritiers du testateur si la condition vient à s'accomplir.

De même encore, l'art. 1121 permettant de stipuler au profit d'un tiers lorsque tel est la condition d'une donation que l'on fait à un autre, il en résulte que la convention par laquelle je donne tous mes biens à Pierre en stipulant de lui qu'il rendra telle maison à Paul quand il sera majeur, renferme une disposition parfaitement valable, et pourtant nous trouvons encore dans cette hypothèse la charge de conserver et de rendre.

Nous pensons donc que le Code a toujours en vue le cas où le grevé doit recueillir à la mort du grevé. Toutefois, il est bien entendu que si les juges reconnaissent en fait dans un prétendu legs conditionnel, une condition arrangée de manière qu'elle ne peut se réaliser qu'à la mort du débiteur du legs, ils annuleront la disposition comme présentant les caractères d'une substitution prohibée. On voit que le legs conditionnel ne doit pas être confondu avec la substitution ; à vrai dire, en effet, le legs conditionnel ne renferme pas deux dispositions distinctes, et quoique le débiteur du legs demeure propriétaire de la chose léguée jusqu'à l'événement de la condition, comme le grevé l'est jusqu'à l'ouverture de la substitution; mais il est vrai de dire aussi que pour qu'une disposition puisse valoir comme legs conditionnel, c'est-à-dire, pour que le légataire sous condition puisse profiter de l'effet de la disposition, il faut qu'il ait été conçu au jour du décès du testateur. C'est la différence capitale qui existe entre le legs conditionnel et la substitution.

Trosième caractère distinctif de la substitution. — Éventualité de la seconde transmission, c'est-à-dire nature conditionnelle du droit du grevé.

Les substitutions, nous l'avons dit, pouvaient être faites ou par actes entre-vifs ou par testament; par testament on comprend qu'elles sont éventuelles comme les legs, et si l'appelé est mort ou incapable au moment de l'ouverture du droit, la disposition est caduque.

Ce caractère d'éventualité dut suivre la substitution quand elle s'introduisit dans les donations.

Si l'appelé survit, la condition est accomplie, et par son effet rétroactif, la propriété des biens substitués étant réputée n'avoir jamais reposé sur la tête du grevé, passe à l'appelé franche et quitte de toutes les charges qui pesaient sur elle du chef du grevé; et réciproquement l'appelé étant réputé tenir ses droits non pas du grevé, mais du disposant lui-même, peut renoncer à la succession du grevé, s'il la trouve mauvaise, et s'en tenir aux biens compris dans le fidéicommis (1).

Il résulte de là que, si au lieu d'être une condition, la mort du grevé n'est qu'un terme, il n'y aura pas substitution : ainsi je donne ou lègue mes biens à Pierre, qui à sa mort paiera 10,000 fr. à Paul. Paul est certainement, dès à présent, créancier de Pierre, seulement il est créancier à terme, et s'il venait à mourir avant Pierre, ses héritiers n'en devraient pas moins toucher les 10,000 fr. à la mort de Pierre.

Mais peu importe que la condition de la survie de l'appelé au grevé soit simple ou accompagnée de conditions subsidiaires, comme par exemple : Je lègue tous mes biens à Pierre, et s'il meurt sans avoir contracté mariage, je le charge de rendre à Paul; il y a substitution, car l'art. 896 ne distingue pas.

Quatrième caractère distinctif. — Charge de conserver et de rendre. Que décider d'abord s'il n'y a point charge de rendre, mais simplement disposition précative? Nous pensons qu'une telle disposition ne tomberait pas sous le coup de la prohibition de l'art. 896. En effet, cet article ne prévoit que l'obligation formelle imposée au grevé de conserver et de rendre, et les nullités prononcées par la loi ne doivent point être étendues; nous ne pourrions d'ailleurs reconnaître dans une pareille disposition les dangers

______

(1) L'appelé recueillerait la substitution, quand même il serait indigne vis-à-vis du grevé.

d'une substitution ordinaire, car alors même que le grevé se croirait lié par sa conscience, le droit d'aliéner n'en demeurerait pas moins dans son patrimoine et pourrait être invoqué par ses créanciers et ayant-cause. On ne peut donc pas dire que ses biens seraient retirés de la circulation. Que décider, en second lieu, s'il y a charge de rendre sans charge de conserver, c'est-à-dire fidéicommis *de eo quod supererit?* La question est controversée.

Quelques auteurs y ont vu une charge de conserver imposée au moins à la conscience. Le testateur, dit-on, a en réalité chargé son héritier de conserver et de rendre, seulement il n'a pas voulu le gêner dans ses besoins, s'en est rapporté à sa bonne foi et lui a permis l'aliénation *boni viri arbitratu.* Les partisans de ce système s'appuient sur des textes du Digeste, où Papinien (1) décide que celui qui est chargé d'un fidéicommis, *de eo quod supererit,* doit restituer le prix des ventes des biens compris dans l'hérédité ou les immeubles acquis en échange de ces mêmes biens. Papinien décide encore (2) que les biens aliénés de mauvaise foi, pour frustrer les appelés, doivent être restitués.

On ajoute que l'idée d'une charge de rendre, indépendante de celle de conserver, ne se conçoit pas, et que dans le système de la loi ces deux obligations prétendues différentes n'en font qu'une.

____

(1) Dig., lois 70, § 3, 71 et 72, de legatis 2e.

(2) Dig., lois 31, 58, § 8, ad sen. cons. Treb. *Sic,* Toullier, tome v, nos 38 et 39; Rolland de Villargues, nos 266 et 267.

En effet, dit-on, l'art. 896 pose la règle générale. L'art. 897 excepte de cette règle les dispositions comprises dans les art. 1048 et suivants ; il faut donc admettre que sans cette exception les dispositions seraient défendues par la règle de l'art. 896.

Or, les art. 1048 et 1049 ne mentionnent que la charge de rendre (1). Il faut donc reconnaître que les charges de conserver et de rendre ne sont pas deux obligations distinctes, mais sont comprises toutes deux dans la charge de rendre, ou il faut regarder l'art. 897 comme un non-sens puisqu'il excepte d'une règle générale un cas en dehors de cette règle.

On termine en faisant remarquer que cette identité des charges de conserver et de rendre a été reconnue par le rapporteur lui-même, M. Jaubert, qui, expliquant au Tribunat, le 9 floréal an XII, le projet de loi sur les substitutions, a donné un exemple en ces termes : « Je donne et

---

(1) Art. 1048. « Les biens dont les pères et mères ont la faculté de disposer pourront être par eux donnés, en tout ou en partie, à un ou à plusieurs de leurs enfants par actes entre-vifs ou testamentaires, avec *la charge de rendre* ces biens aux enfants nés et à naître au premier degré seulement desdits donataires. »

Art. 1049. « Sera valable, en cas de mort sans enfants, la disposition que le défunt aura faite par acte entre-vifs ou testamentaire, au profit d'un ou plusieurs de ses frères et sœurs, de tout ou partie des biens qui ne sont point réservés par la loi dans sa succession, avec la charge de rendre ces biens aux enfants nés et à naître, au premier degré seulement, desdits frères ou sœurs donataires. »

lègue ma maison à Pierre, à la charge de la rendre à Jean, c'est cette disposition qui sera nulle, même à l'égard de Pierre. » Il est donc évident que dans sa pensée la charge de conserver dont parle l'art. 896 est comprise dans la charge de rendre. Les adversaires de ce système prétendent que le premier paragraphe de l'art. 896 est complètement indépendant du deuxième, ils ne nient point que le fidéicommis *de eo quod supererit* ne soit une substitution ; mais ils prétendent qu'il ne doit point être frappé de la nullité comprise dans le deuxième paragraphe de l'art. 896.

En effet, ce que la loi déclare nul à l'égard du donataire ou légataire, c'est la charge de conserver et de rendre dont parle le deuxième paragraphe, et non la substitution. Dans l'espèce, le grevé est chargé de rendre, il ne l'est point de conserver ; en conséquence, la disposition ne sera pas nulle pour le tout ; on rentre dans les termes de l'art. 900, et nous trouvons dans la charge de rendre une condition contraire à la loi, et qui doit être réputée non écrite (1). Nous inclinerions volontiers à ce dernier système qui mitige quelque peu l'excessive sévérité de la loi, mais nous nous rappelons l'esprit du législateur du Code, et dans notre conscience nous pensons qu'il a voulu appliquer le deuxième paragraphe de l'art. 896 à toute espèce de substitutions.

____

(1) M. Oudot.

SECTION II.

Sanction de la prohibition de la loi.

L'art. 900 déclare que dans toute disposition entre-vifs ou testamentaire les conditions impossibles, celles qui seront contraires aux lois ou aux mœurs, seront réputées non écrites.

L'art. 896 est une exception à ce principe: lorsqu'une disposition renfermera une substitution prohibée, non-seulement la substitution, mais l'acte tout entier sera annulé.

Pourquoi cette disposition rigoureuse? Pourquoi le Code, plus sévère que le décret de 1792, a-t-il transporté dans les substitutions la règle relative à l'effet des conditions impossibles ou illicites dans les contrats à titre onéreux (1)?

C'est que si la substitution avait seule été annulée, on pouvait craindre que le grevé se fît un cas de conscience de conserver plus que le défunt n'avait voulu lui attribuer, et qu'alors les biens n'allassent à l'appelé, contrairement au vœu de la loi.

Il est toujours dangereux de placer un homme entre sa conscience et la loi, car il faut ou manquer le but, ou récompenser la mauvaise foi; « La remettre, disait Montesquieu en parlant d'une

____

(1) Art. 1172. « Toute condition d'une chose impossible ou contraire aux bonnes mœurs est nulle et rend nulle la convention qui en dépend. »

semblable libéralité, serait d'un mauvais citoyen, la garder, d'un malhonnête homme. »

En outre on a considéré qu'en attribuant au donataire ou légataire la propriété irrévocable du bien substitué on serait arrivé à un résultat directement contraire à la volonté du disposant, car il a dû songer à l'appelé bien plus encore qu'au grevé.

La sanction de 896 est cependant bien rigoureuse; on voit que le législateur était encore sous l'impression d'anciens abus. Il eût peut-être été plus sage de changer le droit du grevé en un simple usufruit qui à sa mort se fût réuni à la nue propriété restée aux héritiers ab intestat du disposant.

Interprétons cependant cette disposition avec de grandes précautions, et gardons-nous d'ajouter à ses rigueurs; si dans l'acte qui renferme la substitution, quelques dispositions indépendantes peuvent être appliquées, ne leur faisons point partager le sort de la substitution.

CHAPITRE II.

DES SUBSTITUTIONS PERMISES.

Malgré l'abolition actuelle des majorats et leur institution postérieure à la première édition du Code Napoléon, nous croyons devoir en parler dans ce chapitre consacré aux substitutions permises, parce que, créés à une époque où le prin-

cipe prohibitif des substitutions était dans toute
sa vigueur, les majorats formaient une véritable
classe de substitutions permises ; nous diviserons
donc ce chapitre en deux sections. Dans la première nous traiterons des majorats, et dans la
seconde nous parlerons des dispositions permises
par la loi en faveur des petits-enfants du donateur
ou testateur et des enfants de ses frères et sœurs.

SECTION Ire.

Majorats.

§ Ier. *Création des majorats.* — Le majorat est
une substitution établie à perpétuité en faveur des
aînés. L'idée des majorats ne nous vient pas du
droit romain. L'usage s'en introduisit en Italie,
lorsque Pépin et Charlemagne s'emparèrent de
cette contrée. Depuis on imagina en Espagne une
espèce de majorats toute différente de ceux d'Italie (1). Dans les majorats d'Espagne ce n'est pas
l'aîné du plus prochain possesseur, qui vient au
fidéicommis, mais bien l'aîné de branche, c'est-à-
dire le représentant de l'aîné, qui aurait recueilli
s'il eût vécu. Cela fut ainsi réglé par la célèbre loi
de Toro faite pour ces majorats d'Espagne en 1505,
suivant laquelle, la représentation a lieu à l'infini
dans ces majorats (2) ; ces majorats sont pour la
plupart érigés en titres de dignité par des lettres
du prince.

---

(1) Sur la fin du VIIIe siècle, Jean de Torre, Traité des majorats d'Italie, chap. 1er, n° 72.

(2) Molina, Traité de Hispanis primogenitis.

En France, les majorats furent peu usités; dans quelques provinces seulement, on fit des substitutions sous le nom de majorats.

Dans l'ancien droit français on distinguait deux sortes de majorats : les majorats réguliers, ceux dont le bénéfice était acquis à l'aîné plus proche parent du possesseur, et les majorats irréguliers, c'est-à-dire ceux dont le bénéfice arrivait au parent le plus proche de la branche, et pour la recherche duquel il fallait intervertir l'ordre légitime des successions (1).

Dans l'ancienne France on admettait à l'infini, sous le nom de majorats, l'usage des substitutions.

Le Code avait maintenu, comme nous l'avons dit, l'abolition absolue prononcée par le décret de 1792.

Mais un décret du 30 mars 1806 et un sénatus-consulte du 14 août de la même année rétablirent les titres de noblesse et donnèrent lieu au rétablissement des majorats.

Leur nouvelle organisation fut introduite dans la deuxième édition du Code civil, qui prit, dès cette époque, le nom de Code Napoléon. Elle devint le troisième paragraphe de l'art. 896 (2).

---

(1) Thévenot d'Essaule, Traité des substitutions, chap. 25.

(2) Art. 896, § 3. « Néanmoins, les biens libres formant la dotation d'un titre héréditaire que le roi aurait érigé en faveur d'un prince ou d'un chef de famille, pourront être transmis héréditairement, ainsi qu'il est réglé par l'acte du 30 mars 1806 et du 4 août suivant. »

Napoléon, qui venait d'être proclamé empereur, voulait constituer autour de son trône une nouvelle noblesse destinée à en soutenir l'éclat. Pour donner à cette noblesse un caractère brillant et durable, l'Empereur fit décréter par le sénat la création de majorats. Le sénatus-consulte du 14 août 1806 disait d'une manière générale : « L'Empereur pourra, toutes les fois qu'il le jugera convenable, soit pour récompenser de grands services, soit pour exciter une utile émulation, soit pour concourir à l'éclat de la couronne, autoriser un chef de famille à substituer ses biens libres pour former la dotation d'un titre héréditaire, que l'Empereur érigerait en sa faveur, réversible à son fils aîné, né ou à naître, et à ses descendants en ligne directe, de mâle en mâle, et par ordre de primogéniture. » Le sénat devait recevoir communication de l'autorisation donnée et en ordonnait la transcription sur ses registres. Les majorats créés en vertu du sénatus-consulte du 14 août 1806 prirent le nom de majorats sur *demande*, pour les distinguer des majorats de *propre mouvement*.

Le 1er mars 1808, l'Empereur décréta des majorats de propre mouvement, consistant en une dotation tirée du domaine extraordinaire de l'État.

Le décret du 1er mars 1808 organisa toute la matière des majorats ; en voici la substance :

Ne peuvent entrer dans la dotation d'un titre que les immeubles entièrement libres de priviléges et hypothèques, et les actions de la Banque de France dûment immobilisées.

Les personnages que l'Empereur a décorés d'un titre nobiliaire sont seuls admis à demander l'institution d'un majorat.

Un conseil du sceau des titres, présidé par l'archichancelier, examine d'abord la demande ; si la demande paraît admissible, il est dressé un état des biens propres à faire partie du majorat. Cet état est transcrit au bureau du conservateur des hypothèques de la situation des immeubles. A partir de quinzaine après la transcription, ces biens deviennent inaliénables pendant un an : le procureur général près le conseil doit purger les priviléges et hypothèques pesant sur ces immeubles ; le conseil donne un avis, et l'Empereur porte un décret.

Les biens composant le majorat deviennent inaliénables, et le conseil d'Etat doit briser les jugements qui en ordonnent l'aliénation.

Ces biens doivent passer aux substitués, libres de tout privilége ou hypothèque consentis par le précédent titulaire. Cependant le substitué peut être poursuivi jusqu'à concurrence d'une année de produit pour payer, soit les frais de justice, les frais funéraires, les frais de dernière maladie, en un mot, pour payer les créanciers de l'art. 2101 du Code Napoléon.

Le substitué doit, en outre (1), servir à la veuve

____

(1) Art. 18 et 19 du décret du 1er mars 1808.

du dernier titulaire une pension égale au tiers des revenus du majorat. La pension devra être de la motié des revenus, si le majorat est éteint.

En 1809, un décret permit à la femme autorisée par son mari, conformément à l'art. 217 du Code Nap., de créer un majorat en faveur de son mari et des enfants communs.

Un grand nombre de dispositions sont venues réglementer la matière des majorats ; nous citerons le décret du 1er mars 1808, concernant les titres ; celui du 24 juin suivant, celui du 2 février 1809 et l'ordonnance des 7 et 15 octobre 1818, fixant les droits d'enregistrement et de transcription ; le décret du 4 mai 1809, qui détermine le mode de conservation des biens affectés à la dotation des majorats ; celui du 17 du même mois, portant désignation des biens qui peuvent être constitués en majorats ; l'ordonnance des 25 août et 4 septembre 1817, qui règle les formalités de l'institution pour les pairs de France ; celle des 3 et 21 juin 1830, concernant les majorats de la pairie.

Le sénatus-consulte du 14 août 1806 (1) reconnaissait, nous l'avons dit, deux espèces de majorats : les majorats de propre mouvement, ceux qui étaient formés de biens provenant de dotations consenties par l'empereur, et les majorats sur demande, c'est-à-dire ceux que les chefs de

---

(1) Le 14 août 1806, l'empereur érigea en duchés grands fiefs, la Dalmatie, l'Istrie, le Frioul, Cadore, Bellune, Conegliano, Trévise, Feltre, Bassano, Vicence, Padoue et Rovigo.

famille sont autorisés à former de leurs propres biens. Mais le domaine extraordinaire, sur lequel étaient pris les biens composant les dotations des majorats de propre mouvement, ayant été réuni au domaine de l'État par la loi du 15 mai 1818, il en résulte qu'un majorat ne peut, à l'avenir, être formé des biens provenant du domaine public qu'au moyen d'une loi, seul mode reçu pour l'aliénation des biens de l'État (1).

Par l'ordonnance du 25 août 1817, Louis XVIII, désireux d'augmenter l'éclat de la pairie, décide qu'à l'avenir personne ne pourra être élevé à la dignité de pair de France, s'il n'a préalablement obtenu l'autorisation d'instituer un majorat (2).

§ 2. *Nature et caractère des majorats.* — Les biens qui composent le majorat sont inaliénables, imprescriptibles, non susceptibles de donation, ou de concession de privilége ou hypothèque de la part du titulaire (3). Toutefois, l'aliénation peut être, selon les cas, autorisée par l'empereur, mais à la charge de remploi en autres biens de la même valeur et de la nature de ceux qui peuvent être affectés au majorat (4).

---

(1) C'est ce qui eut lieu par acte législatif du 5 février 1819 en faveur de M. le duc de Richelieu.

(2) La même ordonnance établissait trois classes de majorats attachés à la pairie : 1° celle des majorats-duchés devant être d'un revenu de 30,000 fr. au moins; 2° celle des majorats-marquisats ou comtés devant être de 20,000 fr. de revenu, et celle des majorats-vicomtés ou baronnies devant être de 10,000 fr. de revenu au moins.

(3) Décret du 1er mars 1808, art. 40 et suiv.

(4)   Id.   id.   art. 56.

Les enfants du fondateur, s'ils n'étaient pas remplis de leur réserve sur les biens de leur père, auraient le droit d'en demander le complément sur les biens donnés pour la formation du majorat (1).

On ne peut saisir ni déléguer les revenus des majorats, si ce n'est pour les dettes privilégiées indiquées dans l'art. 2101 et les n⁰ˢ 4 et 5 de l'art. 2103 (2) du Code Napoléon; encore, dans les cas prévus par les n⁰ˢ 4 et 5 de l'art. 2103, les revenus ne peuvent être délégués que pour le montant des réparations à la charge des usufruitiers.

Les majorats, soit de propre mouvement, soit sur demande, se transmettent dans la descendance naturelle et légitime, et dans la descendance adoptive. L'ordonnance de 1817 ne parle pas de la descendance adoptive, ce qui semblerait l'exclure; mais nous ne pensons pas qu'on puisse en tirer cette concluson : l'enfant adoptif a dans sa famille le même droit que l'enfant issu de mariage légitime, et d'ailleurs l'ordonnance de 1817 n'avait pas pour but de restreindre les constitutions de majorats (3).

§ 3. *Compétence.* — Les contestations sur les

------

(1) Décret du 1ᵉʳ mars 1808, art. 43.

(2) Le privilége des architectes, entrepreneurs, maçons, et celui du prêteur de deniers.

(3) Favard, Répert., Majorats, 94.

majorats sont portées au conseil d'État, s'il s'agit d'interpréter les clauses de l'acte d'institution, l'étendue et la valeur du majorat.

Elles sont déférées aux tribunaux ordinaires, si le litige a pour objet la jouissance ou la propriété des biens, les droits des appelés, les dégradations ou les détériorations commises par le grevé ou ses héritiers (1).

Lorsqu'un majorat a été créé sur des biens donnés à cet effet, c'est dans la donation, et non dans le titre de création, qu'il faut chercher la solution de la question de savoir si tel immeuble est ou non compris dans le majorat; dès lors cette question de propriété, subordonnée à l'appréciation du titre privé, est du ressort de l'autorité judiciaire.

SECTION II.

Des dispositions permises en faveur des petits-enfants du donateur ou testateur, ou des enfants de ses frères et sœurs.

La loi devait fournir à l'aïeul qui voit dans l'avenir la ruine probable de ses petits-enfants préparée par l'inconduite de leur père, le moyen de prévenir un aussi triste résultat. Dans l'ancien droit, le père, en présence d'une telle perspec-

____

(1) Décret du 1 mai 1809, art. 4, 16, 18.

tive, pouvait exhéréder son fils ; mais ce moyen ne conduisait au but que lorsque les petits-enfants étant vivants pouvaient être institués par leur grand-père. Mais si le père d'un fils prodigue, ou engagé dans des affaires périlleuses, n'avait point encore d'enfants de ce fils, il pouvait, dans la prévision de leur naissance, garantir l'avenir de ses petits-enfants, en enlevant à son fils la nue propriété de ses biens et en ne lui en laissant que l'usufruit. On appelait cette disposition *exhérédation officieuse*. C'est une pensée analogue qui a inspiré ici les rédacteurs du Code.

En établissant les dispositions contenues en l'art. 1048, le but unique du législateur fut d'offrir au père ou à la mère qui donne sa quotité disponible à ses enfants, le moyen de mettre les biens donnés à l'abri de l'impéritie ou de l'inconduite des donataires, et d'assurer la transmission de ces biens à ses petits-enfants.

Les mêmes sentiments de pieuse sollicitude ont pu être présumés chez un frère ou une sœur sans enfants pour la famille de son frère ou de sa sœur (1). Il est également permis à ces personnes de grever de restitution au profit de leurs neveux

---

(1) Pourquoi l'oncle ne pourrait-il pas, comme le père, pourvoir à ce qu'un neveu dissipateur n'enlevât sa succession à sa famille ? Les biens frappés de disposition officieuse ne demeureraient pas longtemps hors du commerce, puisqu'ils y rentreraient après la mort du premier héritier. *Le Premier Consul au conseil d'État, séance du 7 pluviôse an XI* (Fenet, tome 12, page 265).

et nièces, les biens non réservés par la loi, et par elles donnés à un frère ou à une sœur.

Ce que l'art. 1048 permet de faire est, on le voit, une véritable substitution. Elle en porte, en effet, le principal caractère, conserver pour ne rendre qu'à la mort ; mais combien est différent le motif qui a fait établir cette disposition de ceux qui avaient donné naissance aux dispositions que le Code prohibe !

Les art. 1048 et suivants laissent beaucoup de points obscurs sur lesquels deux systèmes sont en présence.

L'un, d'interprétation stricte, ne voit dans ces dispositions qu'une exception à l'art. 896, qui doit être interprétée restrictivement comme toute exception.

L'autre prétend apporter dans certains cas une extension à la lettre de ces articles, extension fondée sur le motif du législateur.

Le Code a composé lui-même cinq séries de limitations à son exception : 1° quant aux biens dont on peut disposer par substitution ; 2° quant au degré de la substitution ; 3° quant à la relation entre le disposant et le grevé ; 4° quant à la relation entre le grevé et les appelés ; 5° quant à l'égalité entre les appelés.

1° *Limite quant aux biens dont il est permis de disposer par substitution.* — Aux termes de l'article 1048, les pères et mères ne peuvent donner à un de leurs enfants, avec charge de rendre, que les biens dont la loi leur permet de disposer.

On ne peut donc grever de restitution que la quotité disponible. Et si la charge de restitution frappait sur la réserve, le réservataire pourrait la faire réduire.

Cette restriction peut amener quelquefois des conséquences fâcheuses.

Ainsi, un père a 100,000 francs de fortune et quatre enfants dont trois sont d'excellents administrateurs, et le quatrième un dissipateur ; ce père voudrait assurer un avenir aux enfants de son fils prodigue, mais, aux termes de l'art. 1048, il ne peut grever de restitution que la part que son fils prendra dans la quotité disponible. Or, s'il ne veut pas avantager un de ses enfants au préjudice des autres, la quotité disponible étant de 25,000 fr., il ne pourra substituer que 6,250 fr., quart de 25,000 fr., et somme bien insuffisante pour arracher ses petits-enfants à la misère qui les attend. Et cependant il ne peut éviter ce résultat qu'en donnant par préciput les 25,000 fr. au dissipateur, c'est-à-dire en privant les enfants sages et économes pour grossir le patrimoine de son fils prodigue (1).

Peut-on grever de substitution une donation

---

(1) Nous indiquons ce résultat sans le critiquer. Notre ancien droit coutumier contenait une disposition de cette nature. « Nos coutumes, dit Pothier, conservent à nos héritiers légitimes certaines portions dans les biens de notre succession, qui ne sont susceptibles d'aucune substitution à leur préjudice, et qu'on appelle pour cet effet réserve coutumière » (Pothier, *Traité des substitutions*, n° 110).

déjà faite? Le principe qui domine les donations étant l'irrévocabilité, la réserve que le donateur aurait faite de pouvoir, par la suite, charger la libéralité de substitution, serait-elle nulle, comme contraire à la règle *donner et retenir ne vaut ?*

L'art. 1052 vient ici apporter un tempérament à la règle générale.

Le père ou le frère donateur, après avoir fait à son fils ou à son frère une donation pure et simple, ne peut revenir sur cet acte, désormais irrévocable, pour grever sa libéralité de restitution. En effet, il s'est dessaisi de sa chose ; le donataire en est propriétaire, et il n'est au pouvoir de personne de modifier son droit de propriété.

Cependant, si le père faisait à son fils ou le frère à son frère une nouvelle libéralité sous la condition que les biens donnés antérieurement seront grevés de restitution, l'acceptation de la deuxième donation par le fils ou le frère frapperait d'inaliénabilité les biens composant la première donation.

Il faut se garder d'étendre la portée de l'article 1052. Si je fais à mon frère une donation à condition que tels biens qu'il a acquis par son industrie seront grevés de restitution, nous sommes en dehors de l'hypothèse prévue par notre article; mais que décider si semblable donation a été faite? Nous pensons que la charge de restituer devra être réputée non écrite, car l'art. 896 ne statue que pour le cas où l'on donne soi-même un bien qu'on veut grever de restitution. Il faut qu'il y ait deux donations successives.

On ne pourrait pas non plus appliquer l'article 1052, si le deuxième acte au lieu d'être une libéralité était un contrat à titre onéreux.

La limitation, quant aux biens, apportée par l'ordonnance de 1747, où les dispositions spéciales de meubles étaient nulles quand le disposant n'avait pas eu soin d'en ordonner expressément la vente, a disparu depuis notre nouvelle législation ; le Code permet de substituer les meubles aussi bien que les immeubles.

2° *Limite quant au degré de la substitution.* — La loi ne permet point qu'elle puisse comprendre deux restitutions successives ; elle ne veut pas que les biens soient retirés du commerce pendant longtemps. Elle ne tolère que les substitutions simples. La substitution graduelle est frappée de nullité ; de cette manière, l'inaliénabilité des biens, si préjudiciable à l'intérêt général, n'aura du moins qu'une durée très restreinte, la vie du grevé.

3° *Limite quant à la relation entre le disposant et le grevé.* — La substitution n'est permise qu'à deux classes de disposants. Première classe. le père ou la mère du grevé. Mais sera-t-il défendu à un aïeul qui a perdu ses enfants, de donner à son petit-fils, à charge de rendre à son arrière-petit-fils ?

Ici nous nous trouvons en présence des deux méthodes d'interprétation. Ceux qui pensent que toute cette matière doit être interprétée stricte-ment, font remarquer que l'art. 1048 n'ajoute pas comme l'art. 1075 ces mots : *et autres ascendants*, bien que le Tribunat en ait proposé l'admission. Ils ajoutent encore que, dans l'espèce, le grevé sera presque toujours extrêmement jeune, que l'inconvénient de l'inaliénabilité prolongée des biens a dû décider le législateur à refuser à l'aïeul le droit de substituer à ses petits-enfants.

Ceux qui professent l'opinion contraire répon-dent que les procès-verbaux sont muets sur les motifs des expressions restrictives *père et mère ;* que d'ailleurs le mot *enfants* comprend tous les descendants ; que le fils étant prédécédé, il n'y aura qu'un degré de restitution, et qu'il y a pour un aïeul le même intérêt à préserver ses arrière-petits-enfants de la ruine, que pour un père à veiller à l'avenir de ses petits-enfants.

Pour nous, nous sommes forcé de reconnaître que le texte est formel et que les exceptions, sur-tout en cette matière, ne pouvant être étendues, l'aïeul ne peut jouir de la faculté accordée au père et à la mère.

2e classe : les frères et sœurs ont la faculté de donner ou léguer à leurs frères et sœurs les biens dont la loi leur permet de disposer, à charge pour les donataires ou légataires de vendre ces biens après leur mort à leurs enfants, nés et à naître, neveux ou nièces du donateur ou testateur.

Les frères et sœurs ne peuvent ainsi substituer leur *quotité disponible* que dans le cas où ils mourront sans enfant (1). Ici la rédaction ambiguë de la loi a fait soulever la question suivante : Si postérieurement à la donation contenant charge de rendre, un enfant vient à naître à l'auteur de la libéralité (le frère par exemple), et que cet enfant vienne à mourir avant son père, la substitution, qui eût été caduque si l'enfant eût survécu à son père, sera-t-elle valable par cela seul que le donateur sera mort sans enfant? En d'autres termes, l'art. 1049 est-il une exception à la théorie de l'art. 960 (2)? Certains auteurs ont soutenu l'affirmative; quant à nous, nous n'hésitons point à repousser cette doctrine; une donation

---

(1) Art. 1049. « Sera valable, *en cas de mort sans enfant,* la disposition que le défunt aura faite, par acte entre-vifs ou testamentaire, au profit d'un ou plusieurs de ses frères et sœurs, de tout ou partie des biens qui ne sont pas réservés par la loi dans sa succession, avec la charge de rendre ces biens aux enfants nés et à naître, au premier degré seulement, desdits frères ou sœurs donataires.

Les frères et sœurs ne peuvent avoir d'autres héritiers à réserve que leur père ou leur mère, car leurs autres ascendants seraient exclus ab intestat par leurs frères et sœurs.

(2) Art. 960. « Toutes donations entre-vifs faites par personnes qui n'avaient point d'enfants ou de descendants actuellement vivants dans le temps de la donation, de quelque valeur que ces donations puissent être, et à quelque titre qu'elles aient été faites, et encore qu'elles fussent mutuelles ou rémunératoires, même celles qui auraient été faites en faveur du mariage par autres que par les ascendants ou conjoints, ou par les conjoints l'un à l'autre, demeureront révoquées de plein droit par la survenance d'un enfant légitime du donateur, ou par la légitimation d'un enfant naturel par mariage subséquent, s'il est né depuis la donation. »

qui eût été annulée, si elle n'avait contenu une substitution, ne saurait acquérir une vitalité plus grande parce qu'elle porte avec elle **une disposition que certainement la loi ne voit pas avec faveur.** L'article nous dit que la disposition sera valable si le disposant vient à mourir sans enfant; mais pour cela il faut qu'elle ne soit point entachée de nullité provenant d'autres causes; or, la disposition principale (la donation) est révoquée à cause de la naissance de l'enfant, donc la disposition secondaire ne saurait avoir aucune force; en vain l'enfant viendrait plus tard à mourir, la libéralité ne revivrait pas.

4° *Limite quant à la relation entre le grevé et les appelés.* — Une substitution n'est valable qu'au profit des enfants nés et à naître au premier degré du donataire ou légataire. S'agit-il ici d'un seul degré de restitution, quel que soit d'ailleurs le degré de parenté des appelés, ou s'agit-il simplement du degré de parenté? Nous pensons que le législateur, en mettant le mot *degré* dans l'article 1048, a entendu l'employer comme synonyme de génération : c'est d'ailleurs ainsi qu'il l'interprète d'habitude.

L'art. 735 dit formellement que chaque génération s'appelle un degré, et l'art. 1051, qui se réfère à notre art. 1048, contient aussi le mot *degré* dans le sens non équivoque de génération.

Suivant ceux (1) qui n'interprètent point l'ar-

---

(1) M. Delvincourt.

ticle 1048 comme nous le faisons, le père pourrait donner à son fils, ou le frère à son frère, avec charge de rendre soit aux enfants, soit aux petits-enfants du donataire.

Ces mots : *au premier degré seulement*, ont soulevé encore une autre controverse. Signifient-ils au degré le plus proche, d'une manière absolue, ou simplement en fait; d'où la question de savoir si le père qui n'a plus d'enfants, mais qui a encore des petits-enfants, peut grever ces petits-enfants de restitution au profit de leurs enfants (arrière-petits-enfants du disposant)?

Les auteurs (1) qui soutiennent cette opinion se fondent sur les ordonnances de 1560 et de 1747, lesquelles parlent des degrés de restitution; mais les ordonnances venaient limiter le nombre des restitutions dans les substitutions graduelles, et, nous l'avons dit, la doctrine seule avait admis une limite au nombre des degrés de restitution : il n'était donc point étonnant que la loi vînt s'en occuper, à une époque où les substitutions étaient fréquentes et permises, et retiraient du commerce les biens substitués pour un temps pour ainsi dire illimité. Mais sous l'empire de notre Code, alors que les substitutions sont prohibées et que la loi ne les permet par exception que dans un cas particulier, où il n'indique qu'une seule classe, un seul ordre d'appelés, il est évident qu'il ne

---

(1) M. Duranton, IX, 526; Vazeille, art. 1048, n° 1; Grenier, n° 809.

pouvait y avoir par cela même qu'un degré de substitution.

D'ailleurs les art. 1048 et 1049 répètent l'un après l'autre la même expression : aux enfants nés et à naître *au premier degré seulement*. Ne voit-on pas clairement que c'est des enfants naissant au premier degré, et non de substitution au premier degré que la loi a voulu parler (1)? Et pourquoi cette expression, *au premier degré*, signifierait-elle au premier degré en fait (c'est-à-dire sans degré intermédiaire vivant)? D'où tirer cette interprétation, contraire à l'esprit et à la lettre du Code? Si les travaux préparatoires du Code doivent, comme nous le croyons, servir à jeter de la lumière sur les points obscurs de notre droit, certes, nous possédons sur cette question des documents de nature à ne laisser aucun doute dans les esprits. La rédaction de l'art. 1048 donna lieu à l'observation suivante :

La section du Tribunat est d'avis de dire : les biens dont les pères et mères *et autres ascendants*, etc..... à un ou à plusieurs de leurs enfants ou *descendants* légitimes, etc..... Malgré cette observation, l'art. 1048 fut adopté.

Le procès-verbal du conseil d'État analyse l'art. 1048 : le conseil d'État adopte que le père pourra transmettre à ses petits-enfants à naître, mais au premier degré seulement, ses biens dis-

---

(1) *Sic*, MM. Toullier (tome 5, 526); Marcadé (tome 4, 1030); Coin-Delisle (n° 4).

ponibles, et en laisser l'usufruit à son *fils* (1).
Nous trouvons encore à l'appui de notre opinion
un argument tiré de l'art. 1051, mais nous devons
commencer par expliquer cet article.

Dans l'art. 1051 le Code suppose l'espèce suivante. Le grevé de restitution meurt laissant des
enfants au premier degré, et des petits-enfants
issus d'un enfant prédécédé. Le législateur pouvait prendre l'un des trois partis suivants :

1° Déclarer la substitution éteinte parce qu'il
manque un appelé.

2° Appeler à la substitution les survivants seulement, ainsi que le faisait l'ordonnance de 1747.
Suivant l'ordonnance, la représentation ne pouvait être admise dans les successions du fait de
l'homme. Les substitutions sont des institutions
conditionnelles ; or, dans les dispositions sous condition, celui qui doit profiter de la disposition
doit exister au moment de l'arrivée de la condition ; or, dans l'espèce, l'enfant au premier degré
décédé n'a eu aucun droit, il ne peut donc être
représenté.

3° Admettre la représentation ; c'est à ce parti
que s'est arrêté notre Code.

Art. 1051. Si, dans les cas ci-dessus, le grevé
de restitution au profit de ses enfants meurt *lais-*
sant des enfants au premier degré, et des descendants d'un enfant prédécédé, ces derniers recueil-

---

(1) Travaux préparatoires (Fenet, tome XII, page 271); procès-
verbal de la séance du 7 pluviôse an XI (27 janvier 1803).

leront, par représentation, la portion de l'enfant prédécédé.

C'est sur ces mots : *laissant des enfants au premier degré*, que s'est élevée la question. Nous trouvons encore ici, dans nos adversaires, une tendance marquée à interpréter la loi, autant que possible, en faveur des substitutions ; mais ici nous ne comprenons plus comment et sur quoi peut se fonder leur décision. Peu importent, disent-ils, ces mots : *laissant des enfants au premier degré*; dans quel but le législateur les a-t-il placés dans l'art. 1051 ? L'absence de ces enfants du premier degré diminue-t-elle l'intérêt qu'ont les petits-enfants à profiter, au moyen de la représentation, du bénéfice de la substitution ? La loi n'a intercalé ces mots que pour montrer qu'elle admettait la représentation dans un cas où l'ordonnance la rejetait ; donc, dans les autres cas, la représentation sera admise.

Nous ne saurions nous ranger à cet avis. Quand les enfants au premier degré sont tous morts, la substitution se trouve éteinte, et les biens remis dans le commerce. Donner aux enfants au second degré le droit de représentation, c'eût été faire renaître une substitution tombée et briser la règle qui ne permettait de substituer que pour les enfants du premier degré (1); et les mots *laissant des enfants au premier degré*, me semblent avoir été insérés dans la loi par les auteurs du Code, pour

----

(1) *Sic*, Toullier ; Delvincourt et Maleville sont d'un avis contraire.

indiquer un cas spécial où la représentation est admise.

Puisque le Code n'a point laissé aux petits-enfants le droit de représentation pour le cas de prédécès de tous les enfants du premier degré, il n'a pas dû non plus entendre ces mots, *au premier degré seulement*, de l'art. 1048, dans le sens que leur prêtent ceux qui soutiennent une opinion contraire à la nôtre ; car, dans l'espèce prévue par l'art. 1051, comme il ne s'agit que d'un degré en fait, le Code aurait admis la représentation.

5° *Limite quant à l'égalité entre les appelés.* — Le but de la substitution n'étant plus, comme dans l'ancien droit, de concentrer les biens dans les mains d'un seul, mais au contraire d'assurer l'avenir des petits-enfants du disposant, l'art. 1050 exige formellement que la restitution soit faite à tous les enfants nés et à naître du grevé, sans exception ni préférence d'âge ou de sexe.

Effets des substitutions. — La propriété du grevé n'étant qu'une propriété conditionnelle, la validité des actes qu'il consent sur les immeubles substitués est subordonnée à la même condition ; si le grevé meurt sans enfant, ces actes sont valables ; si au contraire il se trouve des appelés au moment de la mort du grevé, ces mêmes actes sont résolus. Pour que les appelés puissent invoquer cette résolution, nous croyons qu'ils ne doivent point se porter héritiers purs et simples du grevé. Cette qualité leur impose, en effet, toutes les obligations du défunt, et ils seraient tenus, comme héritiers, de réparer les effets de l'éviction qu'ils auraient fait subir comme substitués. En cas de renonciation ou d'acceptation bénéficiaire, les appelés pourront, nous le pensons, argumenter de cette résolution.

Mais le droit du grevé et celui des appelés sont entièrement indépendants l'un de l'autre ; si le grevé se rend coupable d'ingratitude, c'est le droit du grevé seulement qui frappera la révocation, et nullement le droit des appelés.

Droit du grevé pendant sa jouissance. — Le grevé est réellement, jusqu'au jour de l'ouverture de la substitution, seul et véritable propriétaire des biens substitués ; aussi les fruits recueillis par lui pendant toute sa vie lui appartiennent-ils. C'est à lui qu'appartiennent les actions relatives aux biens substitués, et c'est contre lui qu'elles s'exercent.

La chose jugée au profit du grevé le sera également au profit des appelés ; mais la réciproque est-elle vraie, et la chose jugée contre le grevé le sera-t-elle contre les appelés ? Nous faisons ici une distinction : si le tuteur n'a point été appelé en cause, nous adoptons la négative ; si le procès a été jugé contradictoirement avec le tuteur à la substitution, nous pensons que les appelés, ayant été représentés, ne peuvent opposer la maxime : *res inter alios judicata*, etc.

Le principe que la survie de l'appelé opère la résolution de la propriété du grevé et des droits réels qu'il aurait consentis, souffre une exception importante dans l'hypothèse que prévoit l'article 1054.

Les femmes des grevés pourront avoir sur les biens à rendre des recours subsidiaires, en cas d'insuffisance des biens libres, mais seulement pour le capital des deniers dotaux, et dans le cas où le testateur l'aurait expressément ordonné (1).

Il résulte de là, en premier lieu, que le disposant ne pourrait donner à sa femme un recours plus étendu. En vain il autoriserait le grevé, soit à donner un recours subsidiaire à d'autres créanciers que sa femme, soit à étendre l'hypothèque légale de celle-ci aux intérêts de sa dot. Le Code, sous ce rapport, est plus sévère que l'ordonnance de 1747, qui donnait à la femme du grevé une hypothèque en recours subsidiaire, tant pour les intérêts et les fruits de sa dot que pour le capital de la dot lui-même. Ce recours subsidiaire avait lieu aussi en faveur de la femme et des enfants pour le douaire et l'augment de dot.

DE L'OUVERTURE DES SUBSTITUTIONS.

Le droit des appelés s'ouvre non-seulement par l'arrivée de la condition (le prédécès du grevé), mais aussi : 1° si le grevé a omis de provoquer la nomination d'un tuteur à la substitution ; 2° s'il a fait, en faveur des appelés, l'abandon anticipé de la jouissance des biens substitués.

____

(1) Voir l'ordonnance de 1747, tit. 1, art. 44, 45, 46 et 49.

Le premier effet de la substitution à l'égard du grevé est de lui enlever la libre disposition des biens qu'il est chargé de rendre. La loi veut qu'un tuteur surveille l'administration de ces biens, et ce tuteur, l'auteur de la disposition peut le nommer, soit dans l'acte même de donation, soit dans un acte postérieur fait en la forme authentique (1055) (1).

Si le donateur n'a point désigné de tuteur aux biens, c'est le grevé qui doit en faire nommer un dans le délai d'un mois, à partir du décès du donateur ou testateur, ou du jour que, depuis cette mort, l'acte contenant la disposition aura été connu (1056).

Cette nomination doit être faite par un conseil de famille, et le conseil de famille compétent est ici celui de l'appelé; il sera composé de parents paternels et maternels. Mais si le grevé n'est point marié, il faudra nécessairement se contenter de parents d'une seule ligne, c'est-à-dire de la ligne du grevé.

Faute par le grevé d'avoir provoqué la nomination d'un tuteur, il sera déchu, dit l'art. 1057, du bénéfice de la disposition, et, dans ce cas, le droit *pourra être déclaré ouvert* au profit des appelés.

Ces mots : *pourra être déclaré ouvert*, ont donné lieu aux interprétations les plus diverses. Est-ce une faculté? est-ce une obligation? Les juges sont-ils obligés de déclarer l'ouverture du droit

---

(1) Ordon. de 1747, tit. II, art. 5.

en même temps qu'ils prononcent la déchéance ?

Les uns voient dans ces mots : *le droit pourra être déclaré ouvert*, la faculté pour le juge de faire ou non cette déclaration, et, combinant cette faculté avec la règle de déchéance qui la précède, enseignent que cette déchéance est aussi facultative (1).

D'autres prétendent que la déchéance ne doit jamais être prononcée tant qu'il n'y a point d'appelés pour prendre les biens dont le grevé sera dessaisi (2).

Dans un troisième système on enseigne que les termes formels de la loi (*sera déchu*) imposent au tribunal l'obligation de prononcer la déchéance, quand bien même il n'y aurait aucun appelé pour recueillir les biens ; dans cette opinion, les biens dont le grevé est privé retournent au disposant, qui doit les rendre aux appelés dès qu'il en surviendra, et qui les garde s'il n'en survient point (3).

Des auteurs admettent un quatrième système : Il y a, disent-ils, dans ces termes de l'art. 1057 : *le droit pourra être ouvert*, une proposition non pas facultative, mais hypothétique ; suivant eux, le droit sera ou ne sera point ouvert, suivant qu'il existera ou n'existera point d'appelé ; mais cette proposition est indépendante de la question de

____

(1) *Sic*, Rolland de Villargues, chap. 2, sect. 2 ; Grenier, n° 388.

(2) *Sic*, M. Duranton sur l'art. 1057.

(3) Marcadé, tome 1, art. 1057.

déchéance; le grevé ne peut point ne pas être déchu. Les termes de l'art. 1057 sont trop formels à cet égard.

Les biens devront donc être remis aux appelés, s'il y en a; si, au contraire, il n'y en a point, l'administration sera confiée à un tuteur, et les revenus capitalisés seront remis aux appelés qui surviendront. S'il n'en survient point, à la mort du grevé, ces revenus passeront avec la propriété des biens, libres désormais, à ceux qui héritent du grevé ab intestat.

Lequel de ces systèmes adopter? Le dernier de ceux que nous venons d'indiquer nous paraît celui auquel il faut se rallier. Cependant, tout en donnant à la loi l'interprétation qu'elle doit avoir, nous pensons que cette perte de jouissance sera une punition bien sévère contre un grevé qui n'a point d'enfant, qui peut-être n'est point marié, et peut-être aussi se trouve parvenu à un âge trop avancé pour qu'on puisse supposer qu'il lui naisse des enfants. Le droit du grevé, nous le rappelons, est un droit de propriété, sous la condition résolutoire de la survie des appelés; or, s'il n'y a point d'appelés, et qu'il soit pour ainsi dire impossible qu'il en vienne par la suite, pourquoi le priver de la jouissance en faveur, en définitive, de ses collatéraux, que le testateur n'a certainement pas eu en vue de gratifier, et qui toucheront, à la mort du grevé, les revenus des biens chargés de substitution, capitalisés depuis la déchéance du grevé, en même temps que la pleine et définitive propriété de ces biens?

Toutefois, en combinant les art. 1056, 1057 et 1074, on peut tirer la conclusion que si le grevé mineur n'a point de tuteur, il n'y aura point de déchéance. Les personnes intéressées devraient alors, dans l'espèce, se hâter de faire nommer un tuteur au grevé.

Après la nomination du tuteur il devra être procédé à l'inventaire des objets mobiliers dans les délais ordinaires, c'est-à-dire trois mois après le décès du disposant. C'est le grevé qui doit faire procéder à cet inventaire; s'il néglige de remplir cette formalité, il y est procédé dans le mois suivant, à la diligence du tuteur et en présence du grevé. Ici la loi ne prononce plus de déchéance contre ce dernier. La nomination du tuteur a suffisamment garanti le droit des appelés, sans que des dispositions pénales contre le grevé soient désormais nécessaires. Enfin, le tuteur lui-même pourrait encore être négligent, et, dans la prévoyance de ce cas, la loi donne aux personnes désignées en 1057 le droit de faire procéder à l'inventaire auquel doivent assister le grevé, ou son tuteur s'il est mineur, et le tuteur à la restitution.

L'inventaire fait, le grevé de restitution devra faire procéder à la vente par affiches et enchères de tous les meubles compris dans la disposition, à l'exception des meubles meublants et autres choses mobilières que le disposant aurait ordonné de conserver en nature, et qui devront être rendus en l'état où ils se trouveront lors de la restitution (1).

Ne devront point être vendus non plus les ustensiles et bestiaux servant à faire valoir les terres et qui sont attachés aux fonds à exploiter : le grevé sera seulement tenu de les faire priser et estimer pour en rendre une égale valeur lors de la restitution.

Cette dernière disposition est inutile aujourd'hui ; il n'était pas besoin d'excepter de la vente des choses mobilières les ustensiles et bestiaux attachés à l'exploitation des terres, puisque l'art. 524 du Code Napoléon les déclare immeubles par destination. Cette disposition étrange s'explique historiquement. Le titre des donations est antérieur à celui de la distinction des biens(2) ; le législateur, en rédigeant l'art. 1064, avait sous les yeux l'ordonnance de 1747 (3). Lorsque, lors de la discussion sur le titre de la distinction des biens, on eut déclaré immeubles les bestiaux attachés à l'exploitation de la ferme, on oublia de retrancher de l'art. 1064 une proposition désormais inutile.

L'art. 1064 est la reproduction imparfaite de l'art. 6 de l'ordonnance de 1747, et nous disons

***

(1) Art. 1058, 1059, 1060, 1061 et 1062; ordonn. de 1747, tit. ii, art. 1er, 2, 3 et 8.

(2) Le titre des donations a été promulgué le 13 mai 1803, celui de la distinction des biens, seulement le 4 février 1804.

(3) Ordonn. de 1747, tit. i, art. 6.

qu'il n'en est qu'une reproduction imparfaite, car l'ordonnance prescrivait au grevé de rendre des bestiaux, des ustensiles, *d'une égale valeur*, et non la valeur seulement desdits bestiaux et ustensiles. Et nous croyons que ce changement de rédaction n'est point sans inconvénient, car il importe au substitué de ne pas recevoir des fonds dégarnis de ce qui est nécessaire à leur culture.

Le grevé devra faire emploi des deniers reçus comme prix des meubles et effets qui auront été vendus, ainsi que des sommes provenant du recouvrement des créances exigibles. Cet emploi devra être fait dans les six mois qui suivront la clôture de l'inventaire.

Dans un délai de trois mois seulement, le grevé devra faire emploi des deniers provenant des effets actifs qui seront recouvrés et des remboursements de rentes. On lui donne dans cette circonstance moins de temps pour faire l'emploi, parce qu'il a dû s'attendre à faire cet emploi, et qu'il a par conséquent pu s'en occuper d'avance.

Faute par le disposant d'avoir indiqué le mode de l'emploi, il ne pourra l'être qu'en immeubles ou avec privilége sur des immeubles (1067). Il ne faut point prendre cet article trop à la lettre, car peut-être une première hypothèque sera, nous le pensons, dans presque tous les cas, une garantie suffisante.

L'emploi ordonné par les articles précédents devra être fait en présence et à la diligence du tuteur nommé pour l'exécution (1068).

L'abus de jouissance dont le grevé se rendrait coupable entraînerait-il la perte de son droit?

L'art. 1057 prononce la déchéance contre le grevé quand il n'a point fait nommer de tuteur à la substitution ; or, l'abus de jouissance n'est-il point un fait infiniment plus grave que la simple négligence punie si sévèrement par l'art. 1057 ? Le droit de l'usufruitier s'éteint par l'abus qu'il fait de sa jouissance (618) ; ne doit-on pas étendre cette disposition au grevé qui se trouve dans une situation analogue ? Nous ne le pensons pas. On ne crée point une peine par interprétation, et en général les matières pénales ne doivent point s'étendre d'un cas à un autre.

D'ailleurs, la nomination du tuteur suffit à protéger le grevé qui peut être mis dans l'impossibilité de commettre des abus de jouissance, sans préjudice des dommages et intérêts pour le dommage causé. — Le grevé peut faire aux appelés l'abandon anticipé, soit de la jouissance, soit de la propriété. L'abandon de jouissance ne présente aucune difficulté, car le grevé ne dispose alors que de ce qui lui appartient; mais s'il leur fait l'abandon de la propriété, quel effet devra avoir cet acte? Un effet tout conditionnel, car de nouveaux appelés peuvent survenir, et alors un nouveau partage doit intervenir entre les appelés; ce nouveau partage ne sera définitif qu'à la mort du grevé.

Aussi s'est-on demandé si le droit des appelés

s'ouvrait aussi par l'abandon que le grevé leur fait de la propriété des biens substitués.

Nous concevons que le grevé puisse disposer de la jouissance de ces biens; mais de la propriété, *nemo dat quod non habet;* le grevé n'est point propriétaire incommutable, comment pourrait-il transférer sur les biens un droit dont il ne jouit point dans toute sa plénitude ?

D'ailleurs, une fois l'abandon accompli entre les appelés vivants, d'autres appelés peuvent naître, tandis que ceux auxquels on a remis les biens peuvent mourir.

On conçoit les difficultés qui peuvent se présenter, si avant la mort du grevé il naît de nouveaux appelés, ou si l'un des appelés, vivant au moment de l'abandon, vient à mourir avant le grevé.

Les auteurs sont divisés ici sur la question de savoir quel sera l'effet de l'abandon anticipé. Les uns prétendent que le grevé, n'étant qu'un propriétaire sous condition résolutoire, ne peut transférer plus qu'il n'a, et que, par conséquent, si l'un des appelés, vivant au moment de l'abandon, meurt avant le grevé, ou s'il survient un nouvel appelé, tout sera remis en question (1).

D'autres auteurs, dont nous adoptons l'avis, pensent qu'il faut faire une distinction. S'agit-il du grevé vis-à-vis des appelés auxquels l'abandon

---

1. *Sic.* Coin-Delisle n° 8.; répertoire du *Journal du Palais* (section 9).

a été fait, ou des appelés qui ont reçu prématuré-
ment les biens, entre eux les effets seront défini-
tifs. S'agit-il, au contraire, des effets de l'abandon vis-à-vis des tiers ou vis-à-vis des nouveaux
appelés qui surviennent, ils sont conditionnels (1).

Voyons quelle sera la conséquence de ce système que nous allons éclairer par un exemple :

Titius, dont les biens sont grevés de restitution, fait, au mois de janvier 1850, l'abandon
anticipé des biens grevés à ses deux fils, Primus
et Secundus.

En 1851, Secundus meurt sans postérité ; en
1852, il naît un troisième fils à Titius ; en 1853,
Titius meurt.

Tertius, dernier fils de Titius, se trouve, au
moment de la mort de ce dernier, en concours
avec un seul frère, Primus ; il doit donc avoir la
moitié de la substittution. Mais où prendre cette
moité ? Reprendra-t-on aux héritiers ou légataires
de Secundus tout ce qu'ils ont reçu des biens substitués ? Suivant certains auteurs, oui. Mais, suivant
nous, on ne devra leur demander, dans l'espèce,
que moitié de ce qu'ils ont reçu, c'est-à-dire un
quart ; Primus fournira l'autre quart. Ainsi, Primus aura un quart au lieu de la moitié à laquelle
il avait droit, et les héritiers ou légataires de Secundus auront un quart qu'ils n'auraient point eu
sans l'abandon anticipé.

----

(1) *Sic*, M. Duranton, n° 606 ; Vazeille, n° 14 et 15 ; Marcadé,
tome IV, art. 1053.

Mais cette perte d'un côté et cet avantage de l'autre sont compensés par la jouissance des biens pendant la vie du grevé. Les appelés ont pu faire un contrat aléatoire, et Primus n'a point le droit de se plaindre d'une perte qui est la conséquence de sa propre volonté.

La loi ne veut pas que l'abandon anticipé que fait le grevé aux appelés puisse nuire aux créanciers du grevé. En effet, si les appelés viennent à mourir avant le grevé, les créanciers de ce dernier pourront poursuivre les biens qu'ils tiennent de la substitution, et les enlever aux héritiers, légataires, ou autres représentants du grevé ; car si l'abandon n'avait pas eu lieu, les biens seraient encore dans le patrimoine du grevé. Mais cette poursuite ne pourra s'exercer que si les biens du grevé sont insuffisants ; car si les biens du grevé sont suffisants, on ne peut pas dire que l'abandon a nui aux créanciers.

DE LA PUBLICITÉ DES SUBSTITUTIONS.

Un des reproches les plus mérités que l'on avait faits aux substitutions était de tromper la bonne foi des tiers.

Quoi de plus anormal, en effet, que cette position faite au grevé, cette propriété conditionnelle qui lui donne un crédit excessif, alors qu'il est peut-être insolvable ? Riche en apparence de biens dont il ne pouvait disposer, le grevé ne présentait souvent qu'une solvabilité illusoire, et dont ses créanciers n'avaient pu connaître le défaut de réalité.

D'un autre côté, les acquéreurs pouvaient se voir privés, par suite de leur inaliénabilité, de biens dont ils avaient dû croire leur vendeur propriétaire. L'ordonnance de 1553 avait déjà signalé cet inconvénient ; mais cette ordonnance avait été sans effet, et les parlements n'avaient jamais voulu l'appliquer.

L'ordonnance de 1747, et, depuis, le Code Napoléon, sont venus apporter un remède à l'état de choses existant. Désormais, les substitutions seront rendues publiques par la transcription de l'acte de substitution aux bureaux des conservateurs des hypothèques dans le ressort des bureaux desquels se trouvent des immeubles grevés ; et quant aux sommes colloquées avec privilége sur les immeubles, par l'inscription sur les biens affectés au privilége (1069).

A l'égard des sommes converties en créances privilégiées sur des immeubles, la publicité résultera de l'inscription même du privilége, avec énonciation de la substitution (1).

Il faut bien se garder de confondre la transcription de la substitution avec la transcription de la donation, qui contient la charge de conserver et de rendre.

---

(1) Cette énonciation de la substitution se fait, dans la pratique, en marge de l'inscription du privilége.

La transcription de la substitution s'opère , comme celle de la donation , au bureau du conservateur des hypothèques de la situation des immeubles substitués ; mais elle a lieu, quand la substitution est faite par acte séparé de la donation, au moyen d'une inscription placée en marge de la feuille où la donation a déjà été transcrite.

Le but de ces deux transcriptions est bien différent : la transcription de la donation a pour but d'avertir les tiers que le donateur est moins riche, puisque l'immeuble donné est irrévocablement sorti de son patrimoine. La transcription de la substitution prévient le public de ne point contracter avec le grevé relativement aux biens substitués, car il n'en est pas propriétaire incommutable.

Il ne faut pas non plus confondre l'inscription dont parle ici la loi, en ce qui concerne les créances colloquées avec privilége sur les immeubles , avec l'inscription dont il s'agit en l'art. 2106. En effet, l'inscription générale et de droit commun, à laquelle sont soumis les droits de privilége et d'hypothèque, a pour but de prévenir les tiers que les biens de tel débiteur sont déjà frappés de droits qui occasionnent des causes de préférence pour les créanciers.

L'inscription dont il s'agit ici, outre l'effet que nous venons de dire, avertit les débiteurs du disposant de ne point payer entre les mains du grevé, s'il n'est assisté du tuteur à la substitution, et le public, qu'il est dangereux de se rendre cessionnaire de ces créances, dont le grevé n'est point propriétaire définitif (1).

La distinction que nous avons établie plus haut, entre la transcription de la donation et la transcription de la substitution, est surtout importante, lorsque le donateur, après avoir fait une libéralité pure et simple à son fils (ou à son frère s'il n'a point d'enfants), dispose postérieurement en sa faveur, à la condition que la première donation sera grevée de restitution. L'art. 1052, nous l'avons vu, autorise cette disposition.

Dans l'espèce, Secundus, donataire d'une forêt située dans l'arrondissement de Versailles, fait transcrire la donation au bureau du conservateur des hypothèques de Versailles ; Primus, donateur, par une nouvelle disposition, donne à Secundus un château situé dans l'arrondissement de Nancy, à condition que Secundus rendra à ses enfants la forêt de Versailles. Secundus fait transcrire la nouvelle donation à Nancy. Mais il devra retourner immédiatement à Versailles, pour faire inscrire en marge de la transcription de la première donation, la charge qui vient de la grever.

Il est bien entendu que les actes de maître faits par Secundus dans l'intervalle des deux donations, seront maintenus ; seront par conséquent

---

(1) Cette inscription ne produirait pas son effet utile, qui est d'avertir le public si le grevé, en cédant sa créance, dissimulait que la créance est privilégiée.

valables les constitutions d'hypothèque ou de servitude qu'il a pu établir sur la forêt de Versailles ;
seraient aussi propriétaires ceux qui auraient
acquis de Secundus, pendant l'intervalle, à titre
de vente, de donation ou autrement, tout ou partie de la forêt de Versailles.

Le grevé et le tuteur ont tous deux mission de
la loi pour faire transcrire la substitution.

A la différence de l'ordonnance qui donnait six
mois pour rendre publique la substitution, avec
le même effet que si l'enregistrement avait eu
lieu le premier jour, le Code Napoléon ne fixe
aucun délai dans lequel l'inscription doive être
prise, de telle sorte que le tuteur doit s'empresser
de requérir l'inscription immédiate, pour que les
appelés n'aient point à souffrir des actes que le
grevé aurait pu faire avant l'inscription (1).

Si la substitution n'avait point reçu la publicité
exigée par la loi, les tiers qui auront contracté
avec le grevé acquerront sur les biens substitués
les mêmes droits que sur les biens libres. Pour
prévenir une foule de procès de fait, la loi décide
que le défaut de transcription ne pourra être
suppléé, ni regardé, comme couvert, par la connaissance que les créanciers ou les tiers acquéreurs pourraient avoir eue de la disposition par
d'autres voies que celles de la transcription (1070).

Remarquons cependant que c'est dans l'intérêt des créanciers et des tiers acquéreurs à titre

____

(1) Ordonn. de 1747, tit. 11, art. 32.

onéreux, qu'est exigée la publicité exigée par l'art. 1069; l'art. 1072 porte que les légataires, les donataires, ni même les héritiers légitimes de celui qui a fait la disposition, ni pareillement leurs donataires, légataires ou héritiers, ne pourront, en aucun cas, opposer aux appelés le défaut de transcription ou inscription.

Et d'abord le grevé, qui est nécessairement donataire ou légataire, ne saurait opposer le défaut de transcription ; c'est lui qui est chargé de donner de la publicité à la substitution ; il ne pourrait, par conséquent, se prévaloir de sa propre faute.

Ceux qui, à titre gratuit, ont reçu du grevé quelqu'un des biens compris dans la disposition, ne peuvent opposer aux appelés le défaut de transcription.

Les donataires, légataires et héritiers du disposant, et leurs successeurs à titre gratuit, ne peuvent, nous l'avons vu tout à l'heure, opposer le défaut de transcription au grevé. Cette disposition, qui n'est que la reproduction de l'art. 31 de l'ordonnance de 1747, n'a rien qui doive nous surprendre, car ces personnes, auxquelles la loi a interdit d'opposer aux appelés le manque de publicité, n'auraient aucun intérêt à se prévaloir du défaut de transcription, et la raison en est bien simple : supposons la disposition annulée pour défaut de transcription, les biens ne leur parviendront point, mais resteront libres entre les mains du grevé.

Cet argument est sans réplique relativement aux biens laissés avec charge de rendre, par testament, aux légataires et héritiers du disposant. Quant aux biens donnés entre-vifs, les auteurs ont cherché un cas où les personnes auxquelles la loi interdit d'opposer le défaut de transcription de la substitution auraient un intérêt à l'opposer.

Il faut supposer pour cela une donation avec charge de rendre, qui n'est transcrite ni comme donation ni comme substitution ; et l'on a décidé qu'à supposer même, ce qui est vivement controversé et ce que nous admettons, que ces personnes puissent opposer au donataire le défaut de transcription de la donation, notre art. 1072 recevrait son application, en ce sens qu'elles ne pourraient pas l'opposer aux appelés pour faire tomber à la fois la donation et la charge de restitution.

Nous ne saurions admettre cette décision ; par cela même, en effet, que les ayant-cause dont il s'agit feraient tomber la donation, ils feraient tomber aussi la substitution, qui est évidemment une donation, et se trouve, par conséquent, assujettie à la transcription, et par l'art. 939 comme donation, et par l'art. 1069 comme substitution.

Nous sommes d'avis qu'on ne peut appliquer l'art. 1072 dans sa rigueur aux personnes dont il s'agit que lorsqu'elles ne se trouvent pas en position d'opposer le défaut de transcription de la donation en tant que donation.

Ceux qui refusent aux donataires, légataires,

héritiers légitimes du disposant et à leurs successeurs à titre gratuit, le droit d'opposer le défaut de transcription de la donation, ne peuvent, en aucun cas, on le conçoit, leur permettre d'opposer le défaut de transcription de la substitution.

Mais, dans l'opinion que nous avons adoptée, nous devons restreindre l'application de l'article 1072 au cas où la charge de rendre étant imposée par acte séparé de la donation, on n'aurait transcrit que l'acte de donation.

Telles sont les mesures prises par la loi pour assurer aux dispositions qu'elle autorise une publicité qui met les tiers à l'abri des dangers qu'ils pourraient courir à raison de la position étrange du grevé, qui a toutes les apparences d'un propriétaire véritable, mais qui n'en doit point avoir le crédit.

LOI DE 1826.

Avec la restauration, avait dû nécessairement reparaître, en France, une tendance bien marquée à anéantir les effets de la révolution de 1789.

En 1826, M. de Peyronnet, ministre du roi Charles X, apporta de la part du gouvernement, à la Chambre des pairs, ce fameux projet du droit d'aînesse, qui agita alors si fortement l'opinion publique.

Ce projet contenait trois articles : les deux premiers établissaient un préciput légal en faveur des aînés de familles riches; ce préciput se composait des biens disponibles dont le père de famille n'avait point disposé; et le père de famille pouvait cependant établir l'égalité entre ses enfants s'il en exprimait le désir formel.

Le troisième article du projet de loi contenait le rétablissement des substitutions à peu près comme elles étaient sous l'ordonnance de 1747.

Ce projet de loi donna lieu à une discussion longue et brillante; tout ce que la Chambre des pairs comptait d'illustre voulut y prendre part, et chaque opinion fut soutenue par des orateurs éminents (1).

La loi fut repoussée en partie, le troisième article seul fut adopté, et les substitutions furent ainsi rétablies.

La Chambre des députés, qui ne fut appelée à se prononcer que sur le projet de loi relatif aux substitutions, l'adopta aussi malgré une résistance énergique et éloquente de la part des orateurs de l'opposition (2). Enfin, le 17 mai 1826, la résolution des Chambres fut insérée au *Bulletin des lois*.

Pendant la discussion de la loi de 1826, les ad-

---

(1) Parmi ceux qui prirent part à cette mémorable discussion, citons : 1° tous les ministres; 2° M. de Maleville, rapporteur, MM. le comte Roy. le vicomte Laisné, le duc de Broglie, le marquis de Lally-Tollendal, etc., etc.

(2) Le projet fut surtout attaqué à la chambre des députés par M. Benjamin Constant. et défendu par M. de Martignac.

versaires des substitutions les ont constamment
attaquées au nom de la justice, et des dangers
qu'elles présentent; leurs partisans ont invoqué,
pour les défendre, la justice aussi et leur utilité.
Examinons nous-même les substitutions du double
point de vue du juste et de l'utile.

I. *Des substitutions au point de vue du juste.*

La substitution étant une extension du pouvoir
de réglementer le sort de ses biens après sa mort,
demandons-nous, d'abord, sur quelle idée ra-
tionnelle se fonde l'acquisition par dernière volonté.

Ceux qui l'établissent exclusivement sur des
idées utilitaires présentent d'abord des arguments
tirés du point de vue politique. Il est bon, disent-
ils, que la transmission des patrimoines se fasse
dans un État, sans secousses violentes; il est bon
que les générations présentes aient sur les générations futures le puissant moyen d'influence
qu'elles puisent dans la faculté de tester.

En second lieu, au point de vue économique,
le pouvoir qu'ont les pères de travailler pour
leurs enfants n'est-il pas l'aiguillon le plus énergique de l'activité humaine?

Mais le principe utilitaire s'allie ici parfaitement avec le principe du juste, et nous pensons
que l'homme trouve dans la faculté de disposer
de ses biens après sa mort, la juste récompense
de son activité et de ses travaux.

Toutefois cette faculté de disposer, juste récompense du travail, doit-elle s'étendre à l'infini ? Ne faut-il point que le testateur dispose au moins en connaissance de cause ? Peut-on, dans un pays bien gouverné, permettre à chaque citoyen de se faire le législateur de l'avenir, et de réglementer suivant son caprice le sort de son patrimoine ? Les plus graves motifs s'élèvent contre une faculté aussi exorbitante.

Les dispositions au profit de personnes qu'on ne connait point semblent plutôt l'exercice d'un droit aveugle que le résultat d'une volonté éclairée. L'ordre public souffrirait si chaque père de famille pouvait créer ainsi un ordre égal de succession particulier à sa famille. Il parait contraire aux idées premières de justice et d'égalité, que parmi les enfants d'un même père, l'un d'eux succédant seul aux biens compris dans la substitution, accumule sur sa tête l'éclat du rang et de la fortune, tandis que les autres, nés du même sang que lui, se trouvent sacrifiés à l'orgueilleuse volonté du père de famille.

On objecte que le droit de disposer de ses biens est une faculté naturelle qu'on ne peut restreindre sans injustice pour le propriétaire ; que ce droit serait illusoire, cette faculté incomplète, étroite et insuffisante, si elle ne pouvait s'étendre au delà du premier qui en recueillera l'effet (1).

On ajoute que l'aîné des enfants est le représentant du père et le protecteur naturel de la

____

(1) M. de Martignac, séance du 10 mai 1826.

famille qu'il est spécialement chargé de conserver dans tout son lustre, qu'il est donc juste que le père lui fournisse les moyens de soutenir la dignité de son rang (1). C'est ainsi que dans les républiques de Sparte et d'Athènes (2), comme dans la théocratie des Hébreux (3), la loi, pour conserver les familles, avait statué que les enfants mâles hériteraient seuls à l'exclusion des filles, et qu'en ligne collatérale les souches masculines seraient préférées aux souches féminines.

Ces deux principes nous paraissent faux en équité et dangereux en morale : faux en équité, parce que, s'il est vrai que la faculté de tester soit de droit naturel, ce n'est pas une raison pour qu'elle s'exerce au delà des limites que la justice

---

(1) Puffendorf (Droits de la nature, chap. 2) prétend que le droit naturel que les enfants semblent avoir à la succession de leur père, n'empêche pas que ceux-ci n'aient le droit d'en avantager quelques-uns. Rien n'empêche qu'un père donne la plus considérable partie de ses biens à un de ses enfants, laissant de moindres portions à chacun des autres. De là tirent leur origine, parmi plusieurs peuples, les droits de la primogéniture. Les filles passant dans d'autres familles, il n'est point nécessaire qu'elles emportent une portion de biens aussi considérable que celle de leurs frères. On peut certainement établir, non-seulement par des lois, mais même par des conventions particulières, que les enfants, même nés de mariage légitime, n'auront à prétendre que ce qui est nécessaire à leur entretien.

(2) Au demeurant, il (Solon) ôta les douaires des autres mariages, ne voulut pas que les femmes apportassent à leurs maris que trois robes seulement et des meubles de bien petite valeur, sans autre chose. (Plutarque, *Vie de Solon*, trad. d'Amyot.)

(3) Dabit que ei (primogenito) de his quæ habuerit, cuncta duplicia.

indique; que le père transmette au successeur qu'il se choisit lui-même, la fortune qu'il a conquise par son travail; qu'il fasse des libéralités préciputaires, dans de justes proportions, à ceux de ses enfants qu'il préfère, nous le comprenons; mais là son droit s'arrête, parce que là s'arrête la justice. On ne peut lui permettre de désigner d'avance ceux de ses descendants qui, pendant une longue suite d'années, de siècles même, devront accumuler sur leur tête leurs biens patrimoniaux.

On ne peut lui permettre non plus d'avantager aveuglément tous les aînés successifs de sa famille, car il ne peut savoir s'ils mériteront la préférence dont ils sont l'objet, et si les premiers par la naissance ils ne seront point les derniers par les talents et la vertu (1).

J'ajoute que cette faculté aurait un double danger en morale : 1° *au point de vue du père*, la vanité remplacerait dans son cœur l'amour paternel, l'orgueil du nom l'emporterait sur le sentiment de la justice; 2° *au point de vue des enfants*, car la jalousie, la haine, l'envie, remplaceraient dans le cœur des enfants les sentiments sacrés de la famille et y feraient naître les passions les plus détestables.

II. *Des substitutions au point de vue de l'utile.*

Ici, les défenseurs des substitutions présentent

---

(1) Les Germains admettaient le droit d'aînesse, à condition que l'aîné serait supérieur (prout ferox et mulier).

trois arguments principaux, que nous allons essayer de reproduire :

1° Elles sont, disent-ils, une puissante garantie d'ordre et de stabilité (1).

L'aisance qu'elles apportent pour un long temps dans une famille, entretient dans cette famille des idées de conservation qui font de ses membres les plus zélés défenseurs de l'État et du gouvernement existant.

2° Elles conservent ces mêmes familles appuis invariables des gouvernements monarchiques. Pour que les choses soient durables, il faut qu'elles soient fondées sur une succession d'hommes toujours animés des mêmes sentiments et dirigés par des intérêts de même nature. La société générale se trouve ainsi composée d'un nombre infini de sociétés domestiques dont l'intérêt se confond avec celui de l'Etat et dont l'existence dépend de celle du gouvernement à l'abri duquel elles s'élèvent.

3° Elles empêchent le morcellement des propriétés, si fatal à la richesse d'une nation ; les

------

(1) Le monarque donne de la sécurité au sol, il faut qu'à son tour le sol offre un appui au monarque ; pour cela il faut que les familles propriétaires se conservent et se consolident, afin que les rois, qui leur apportent une protection héréditaire, trouvent en elles aussi des traditions héréditaires de fidélité et de dévouement..... Je ne concevrais point un trône immuable et un sol toujours mouvant. Sur le trône, un monarque dont le pouvoir, régulier et invariable, se transmet de générations en générations, et sur le sol, des propriétés transitoires fugitives et changeant tous les jours de maître. (M. de Martignac, séance du 10 mai 1826.)

pays de petite culture, dit-on, ceux où la propriété
est le plus divisée, sont communément les plus
peuplés, mais ce sont aussi nécessairement ceux
qui ont le moins de superflu à fournir pour les
arts, le commerce et la guerre. Car, si l'égalité
des partages fait multiplier les mariages, ces mariages et leurs fruits languissent dans une condition où la gêne et la détresse vont toujours en
croissant (1).

Au premier argument, on répond que si les
propriétaires fonciers sont des appuis pour l'ordre social, cet avantage et ce mérite appartiennent bien plus encore à la classe nombreuse des
petits propriétaires, que le moindre trouble politique peut ruiner, qu'à ce petit nombre de grands
propriétaires dont les possessions, inébranlables
par leur masse même, bravent les révolutions et
se retrouvent, après l'orage, reconstituées comme
par miracle; si l'homme qui n'a rien à perdre est
menaçant pour la société, celui qui peut beaucoup perdre sans être ruiné n'est pas moins dangereux : l'un risque ce qu'il n'a pas, peu lui im-

____

(1) Cette opinion est partagée par des économistes distingués :
« On fait maintenant en France, dit Malthus, une effrayante
épreuve des effets que peut produire l'extrême division des propriétés. Si la loi de succession continue de régler, dans ce
royaume, la transmission des héritages, et si l'on n'imagine pas
un moyen de l'éluder, il y a tout lieu de croire que le pays
soumis à ces habitudes sera, au bout d'un siècle, aussi remar-
quable par son extrême indigence que par l'extrême division des
propriétés » (Malthus, *Principes de l'économie politique considérés
dans leur appréciation pratique*).

porte; l'autre risque une partie de ce qu'il a, et peu lui importe aussi, car il espère gagner beaucoup et conserver le reste; celui-là seul est attaché à l'ordre établi qui, ne possédant qu'une aisance bornée, ne peut rien risquer sans tout compromettre.

« Les hommes sans propriété ont été les instruments des factions, mais les chefs des factions furent de tous temps de grands propriétaires (1)!»

Quant au deuxième argument, on nie purement et simplement que les substitutions conservent les familles, et l'on invoque, sur ce point, le témoignage de l'histoire. Consultez les faits, disait Benjamin Constant, les familles qui ont joui de substitutions ont toujours dépéri, langui, succombé sous le poids de ce privilége onéreux et illusoire. Si l'on prenait en main le dictionnaire des noms historiques de France, on les verrait, malgré les substitutions qui devaient perpétuer les mêmes prospérités dans le même sang, s'éteindre au bout d'un très petit nombre de générations, et ces noms reportés, soit par des alliances, soit par les faveurs royales, sur d'autres familles.

Au troisième argument, on répond qu'il ne faut point se laisser abuser par des mots; jusqu'à présent, le morcellement et la mobilité de la propriété foncière n'ont produit que des résultats avantageux; cette mobilité de la propriété, que

____

(1) Benjamin Constant, séance du 9 mai 1826 (Chambre des députés).

l'on redoute tant, a puissamment contribué, en France, à ce prodigieux développement de notre industrie, à ce merveilleux accroissement de notre richesse, que n'ont pu arrêter les désordres de la révolution.

Des terres incultes, mises pour la première fois en valeur, ont rapporté d'abondantes récoltes, des chaumières nouvelles ont grossi les villages; l'amour de la propriété a su la féconder. L'accroissement du nombre des propriétaires, la création de nouveaux produits et de nouvelles richesses, voilà ce qu'on a vu naître au milieu des orages des révolutions (1).

On peut ajouter encore, ce me semble, pour combattre les substitutions, quelques raisons économiques qui nous paraissent d'un grand poids. 1° Rien de plus propre que les substitutions à entraver la circulation des biens et à porter atteinte au crédit public. En présence de deux propriétaires dont le droit est également fragile, les tiers n'oseront traiter ni avec l'un ni avec l'autre. De deux choses l'une : ou ils connaîtront l'existence de la substitution, et alors comment se mettraient-

---

(1) « La mobilité des capitaux est une source intarissable de fécondation; loin de s'altérer avec la circulation, les capitaux se multiplient en raison de son activité; partout où ils passent, ils portent avec eux le travail, l'aisance et la vie. Là des terres se morcèlent, là des parcelles réunies recomposent un domaine... Le grevé de restitution apporte peu de soin à la conservation de la chose, le propriétaire la rend meilleure et plus productive (Mounier-Buisson, 1826, *Moniteur*, page 670.)

Loi de 1826, article unique : « Les biens dont il est permis de disposer, aux termes des art. 913, 915 et 916 du Code civil, pourront être donnés en tout ou en partie, par acte entre-vifs ou testamentaire, avec la charge de les rendre à un ou plusieurs enfants du donataire, nés ou à naître, jusqu'au deuxième degré inclusivement.

« Seront observés, pour l'exécution de cette disposition, les art. 1051 et suivants du Code civil, jusques et y compris l'art. 1074. »

Il y a trois différences notables entre cette disposition et le système plus limitatif du Code : 1° Aucun lien de parenté n'est exigé entre le disposant et le grevé. 2° La substitution, au lieu de s'étendre nécessairement à tous les enfants du grevé, peut se concentrer sur plusieurs ou même sur un seul, par l'effet d'une libre élection. 3° La substitution pouvait s'étendre jusqu'au deuxième degré inclusivement.

Les appelés au second degré devaient-ils être les enfants au premier degré des premiers appelés, ou devaient-ils en être simplement les descendants à n'importe quel degré ?

On prétendait que la loi de 1826 était la reproduction de l'ordonnance de 1747, et que par conséquent on devait compter les degrés comme on les comptait sous l'ordonnance, c'est-à-dire, en prenant pour base le nombre des restitutions et non le degré de parenté. Cette question fut fort controversée, mais nous pensons que permettre à une disposition de s'étendre jusqu'à la quatrième ou

la cinquième génération, parce qu'il y aura eu
des abstentions ou des décès dans quelques-
uns des degrés intermédiaires, c'est aller beaucoup trop loin lorsqu'on n'a point pour le permettre le texte formel d'une disposition législative
et que l'on ne peut s'appuyer que sur une interprétation douteuse.

LOI DE 1835.

Depuis la révolution de 1830, la pairie ayant
cessé d'être héréditaire, l'institution des majorats
paraissait être une anomalie avec le principe du
gouvernement.

Cependant il est toujours difficile de toucher à
un ordre de choses établi, sans violer des droits
acquis, de justes prétentions (1). Cette difficulté
recula quelque peu l'abolition des majorats, et on
fut longtemps à se mettre d'accord sur les mesures
transitoires qu'il convenait de prendre (2).

Enfin fut rendue la loi du 12 mai 1835, qui, en
interdisant à l'avenir toute institution de majorats
(art. 1er), disposa (art. 2) que les majorats fondés
jusqu'alors avec des biens particuliers ne pour-

---

(1) Observ. de M. Duvergier, Collect. de lois, notes sur la loi
du 12 mai 1835.

(2) Le projet de loi sur les majorats fut présenté à la Chambre
des députés, le 11 février 1833, par M. Parant de la Moselle;
il contenait une disposition relative aux substitutions, qui ne
fut point adoptée par la Chambre des pairs. M. Dufau fit deux
rapports à la Chambre des députés, et M. de Bassano deux rapports à la Chambre des pairs, sur la proposition de M. Parant.

raient s'étendre au delà de deux degrés de restitution, l'institution non comprise.

Art. 3. Le fondateur d'un majorat pourra le révoquer en tout ou en partie, ou en modifier les conditions.

Néanmoins, il ne pourra exercer cette faculté s'il existe un appelé qui ait contracté, antérieurement à la présente loi, un mariage non dissous ou dont il soit resté des enfants. En ce cas le majorat aura son effet restreint à deux degrés, ainsi qu'il est dit en l'article précédent.

Art. 4. Les dotations ou portions de dotations consistant en biens soumis au droit de retour en faveur de l'État, continueront à être possédées et transmises, conformément aux actes d'investiture, et sans préjudice des droits d'expectative ouverts par la loi du 5 décembre 1814.

Voici quelques-uns des motifs qui furent donnés en 1835 par ceux qui demandèrent l'abolition des majorats:

1° Les majorats étaient des priviléges contraires à l'égalité politique, qu'il fallait solliciter et obtenir du roi;

2° Ils portaient atteinte à la dignité paternelle, en mettant une sorte de fatalité à la place de la volonté éclairée du père de famille, et en rendant l'aîné de la famille indifférent à ses devoirs envers son père;

3° Cette faveur dont jouit l'aîné allume entre les frères les sentiments les plus détestables.

M. le duc de Bassano, rapporteur, fit encore

valoir les considérations politiques tirées du danger, pour le pays, de créer un certain nombre d'électeurs toujours les mêmes, qui, puissants par leur nombre et leur fortune, pourraient imposer leur volonté au gouvernement, qu'ils affaiblissent chaque jour.

L'art. 2 de la loi de 1835 souleva une difficulté d'interprétation.

Art. 2. Les majorats fondés jusqu'à ce jour avec des biens particuliers ne pourront s'étendre au delà de deux degrés, l'institution non comprise.

Toutefois il paraît résulter de la discussion de la loi, qu'il devait y avoir, outre le fondateur, deux personnes qui recueilleraient et transmettraient le majorat, et que le troisième appelé aurait enfin la libre disposition des biens qui y sont compris (1). Mais il résulte aussi de la discussion, que les deux degrés respectés par la loi couraient, à partir du fondateur et non du possesseur, au moment de la promulgation de la loi ; en sorte qu'en vertu de la loi de 1835, les majorats n'ont pas eu nécessairement deux degrés à parcourir, et qu'il a pu se faire qu'au moment de la promulgation, un des degrés ou même tous deux fussent déjà parcourus.

LOI DE 1849, SUR LES SUBSTITUTIONS
ET LES MAJORATS.

Enfin, en 1849, M. de Parieu d'abord, et

---

(1) Duvergier, Collect. des Lois, loi de 1835.

M. Flocon ensuite, proposèrent à l'assemblée nationale constituante l'abolition des majorats et des substitutions. Ces propositions, renvoyées au comité de législation, y donnèrent lieu à une discussion sérieuse, à la suite de laquelle M. Valette, rapporteur, présenta un projet de loi qui fut adopté par l'assemblée et devint la loi du 11 mai 1849 sur les majorats et les substitutions.

Le législateur de 1849 ne crut point devoir suivre l'exemple du législateur de 1792, qui, voulant abolir les substitutions, avait purement et simplement déclaré les biens grevés de substitutions entre les mains des détenteurs de ces biens.

L'assemblée constituante fut très vivement préoccupée du désir de ne porter atteinte à aucun droit acquis, et on rechercha avec une attention scrupuleuse tout ce qui pouvait être considéré comme tel.

La loi de 1849, qui est commune aux majorats et aux substitutions, commence par interpréter la loi de 1835, dont les expressions, *institution non comprise*, avaient donné lieu à des controverses ; toute substitution ayant parcouru deux degrés de restitution, à partir du premier titulaire, est éteinte (1), et les biens qui la composent rentrent dans la circulation.

Les majorats qui n'auront point encore été transmis à deux degrés, conformément à la loi de 1835,

---

(1) Le majorat créé par Pierre ayant été transmis à son fils Paul et à son petit-fils Jean est éteint.

seront immédiatement éteints, à moins que des appelés ne soient nés ou au moins conçus au moment de la promulgation de la loi.

On avait proposé d'établir la même disposition, c'est-à-dire de faire durer le majorat, si, depuis l'institution du majorat, et avant la promulgation de la loi, le titulaire du majorat s'était marié. On craignit de s'engager trop loin en entrant dans cette voie, et cette disposition ne fut point adoptée. La loi de 1849 abolit aussi les substitutions; mais elle consolide le droit des appelés nés ou conçus au moment de la promulgation; et c'est ainsi que nous sommes revenus au système du Code; les substitutions sont prohibées; restent seules permises les dispositions faites conformément aux articles 1048 et suivants du Code Napoléon.

Disposition nouvelle.

Un décret du 15 janvier 1853 rétablit la loi du 17 mai 1826 dans les colonies.

POSITIONS.

DROIT ROMAIN.

I. L'héritier fiduciaire chargé de restituer plus des trois quarts de l'hérédité, peut, en faisant adition volontaire, déclarer qu'il restituera en vertu du sénatus-consulte Trébellien.

II. Lorsqu'un créancier a été institué héritier par son débiteur, et qu'il est en même temps chargé de restituer l'hérédité, la confusion qui s'opère en sa personne, lorsque, par ordre du préteur, il fait adition, n'éteint pas les gages qui garantissent sa créance.

III. Celui qui a accordé une chose à titre précaire ne peut posséder cette chose en même temps que le concessionnaire.

IV. Les fruits et autres produits de la chose hypothéquée sont tacitement compris dans l'hypothèque.

V. Les fidéicommissaires universels et à titre universel, pouvaient seuls forcer l'héritier à faire adition.

VI. Lorsque la compensation était opposée par

voie d'exception de dol, le juge avait le pouvoir de balancer les deux créances et de diminuer la condamnation.

DROIT CIVIL FRANÇAIS.

I. L'abandon anticipé que fait le grevé de son droit, profite immédiatement et d'une manière définitive aux appelés vivants; il n'est que provisoire relativement aux appelés qui naissent postérieurement, le tout sans préjudice du droit des créanciers du grevé.

II. La disposition par laquelle je charge mon héritier ab intestat de conserver et de rendre à sa mort, est nulle.

III. Les mots *au premier degré seulement*, pris dans l'art. 1049, signifient au premier degré de parenté.

IV. Les tiers acquéreurs des biens grevés pourront invoquer la prescription contre les appelés.

V. Autre chose est la transcription de la substitution en tant que substitution, autre chose est la transcription de la donation avec charge de restituer en tant que donation.

VI. La succession anomale de l'ascendant a

lieu, non-seulement si l'enfant donataire meurt sans postérité, mais encore s'il a laissé des enfants qui viennent à mourir du vivant de l'ascendant donateur.

VII. Les héritiers du donateur peuvent opposer le défaut de transcription de la donation.

VIII. Les créanciers du vendeur qui prennent inscription dans la quinzaine de la transcription, priment les créanciers hypothécaires de l'acheteur, quand bien même ces créanciers seraient inscrits avant eux.

DROIT PUBLIC.

I. La contrainte administrative emporte hypothèque, quand même, sur l'opposition du prétendu redevable, l'affaire est portée devant les tribunaux ordinaires.

II. Les traités conclus avec une nation perdent toute force obligatoire à l'égard des provinces qui viennent à s'en séparer, soit pour s'incorporer à une autre nation, soit pour former un État particulier.

DROIT CRIMINEL.

I. Les expressions de l'art. 434 du Code pénal (*maison habitée*) ne s'appliquent pas aux dépendances.

11. Le mari qui, ayant été convaincu d'avoir entretenu une concubine dans la maison commune, perd le droit de faire condamner sa femme à l'emprisonnement, ne perd pas le droit de demander la séparation de corps.

Vu par le Président de la thèse,
DEPORTETS.

Vu par le Doyen,
C.-A. PELLAT.

Permis d'imprimer :
Le Recteur de l'Académie de la Seine,
CAYX.

www.ingramcontent.com/pod-product-compliance
Ingram Content Group UK Ltd.
Pitfield, Milton Keynes, MK11 3LW, UK
UKHW021231140726
13695UKWH00002B/894